Mélanie Martin

PASTA
PARA SORPRENDER

Recetas fáciles y originales

SUMARIO

• INTRODUCCIÓN •

Las ocasiones para preparar un buen plato de pasta son infinitas. Ya sea para una comida entre amigos o una cena romántica, la pasta siempre es una opción excelente, ¡sobre todo si es casera!

Quizá nunca te hayas atrevido a hacer pasta casera por miedo a que sea demasiado complicado o laborioso. Sin embargo, es muy sencillo prepararla y el resultado es, sin lugar a dudas, delicioso. Este libro te invita a elaborar recetas de pasta fresca muy sabrosas. Se suele decir que la mejor pasta es la italiana, pero espera a ver el resultado de estas recetas... Para empezar, encontrarás todas las técnicas básicas para aprender a hacer pasta casera, para darle formas sorprendentes, como lazos, tagliatelle, raviolis, o para saber cómo aromatizarla con hierbas, especias y otros sorprendentes ingredientes.

No dudes en aplicar todas estas técnicas en las 75 recetas que te ofrece el libro. Todas ellas mezclan tradición y modernidad; podrás redescubrir los grandes clásicos italianos, como los canelones a la napolitana, la lasaña de boloñesa o los espaguetis a la amatriciana, pero también podrás probar recetas más innovadoras, como lasaña de camembert y jamón curado, raviolis de pato y calabaza o incluso medias lunas de higos y beicon. Por último, echa un vistazo a los postres; la pasta es muy versátil y te ofrece la posibilidad de preparar recetas dulces. Atrévete con los raviolis de chocolate, las medias lunas de fruta tropical, los bombones crujientes de plátano y decenas de postres que jamás habrías imaginado preparar.

Aprovecha cada estación del año para hacer y compartir las recetas de este libro. A partir de ahora, la pasta casera ya no tendrá secretos para ti. Y, para esos días en los que la prisa manda, sáltate el paso de elaborarla y cómprala hecha.

• ¿QUÉ NECESITAS? •

MATERIAL BÁSICO

LAMINADORA DE PASTA
La laminadora nos permitirá estirar la pasta y cortarla a nuestro gusto: tagliatelle, espaguetis, lasaña...

RODILLO DE REPOSTERÍA
Si no tenemos una laminadora de pasta, el rodillo es una buena alternativa para estirarla. Después, la cortaremos con un cuchillo en función de la receta que queramos preparar.

ROBOT DE COCINA
¡Para ahorrar tiempo! Podremos preparar pasta casera en tiempo récord, pero además el robot nos ofrece la posibilidad de preparar también el relleno. Pero si no tenemos, siempre podremos utilizar la batidora clásica; todas las recetas se pueden preparar sin robot de cocina.

MOLDE PARA RAVIOLIS
Este molde nos permite realizar raviolis caseros de una forma muy sencilla. Existen muchos tamaños distintos; de 5 × 5 cm para raviolis grandes o de 3,5 × 3,5 cm para raviolis pequeños. La mayoría de recetas de este libro utiliza moldes pequeños, pero puedes utilizar el que prefieras.

CORTADOR PARA PASTA DENTADO
Este cortador, muy económico, nos permitirá cortar los bordes de la pasta para preparar raviolis, lazos...

INGREDIENTES

¿QUÉ NECESITAMOS TENER SIEMPRE EN LA DESPENSA?
Harina, tomates pelados en conserva, aceite de oliva, aceite de girasol, frutos secos, ajo, cebolla, pasta seca, especias molidas, caldo en pastillas, leche, miel, azúcar, mostaza, vinagre, vino blanco, limón confitado, hierbas secas...

¿Y EN LA NEVERA?
Huevos, parmesano, ricota, mozzarella, gruyere, nata, hierbas aromáticas, mantequilla, apio, zanahorias, tomates, calabacín, lima, jengibre, jamón curado, carne...

INGREDIENTES CONGELADOS FUNDAMENTALES PARA GANAR TIEMPO O SOLUCIONAR UN IMPREVISTO:
Guisantes, habas, pescado, gambas, zamburiñas, plantas y hierbas aromáticas...

TÉCNICAS

Conservar la pasta

Lo ideal es consumir la pasta fresca el día que la hemos preparado; de lo contrario, se pone un poco gris. Sin embargo, la podemos conservar hasta dos días en la nevera y hasta tres meses en el congelador.

Para ello, basta con secarla. Podemos colgarla en un hilo o extenderla sobre un paño de cocina limpio y seco.

La pasta debe quedar elástica pero nunca pegajosa. Si queremos conservarla en nevera, la extendemos sobre una superficie plana y, si queremos congelarla, la retorcemos creando una especie de nido.

La podemos envolver en papel film o guardarla en una caja hermética para conservarla bien.

Cuando queramos preparar un plato con pasta congelada, la echamos directamente a un cazo con agua hirviendo, sin descongelar, y respetamos el tiempo de cocción indicado en cada receta.

Cocer la pasta

Las proporciones para cocer la pasta son: 1 litro de agua y 10 g de sal por cada 100 g de pasta.

El agua debe estar hirviendo en todo momento, así que no hay que bajar el fuego. De vez en cuando, la removeremos para que no se pegue. Si la queremos al dente, la escurrimos cuando empiece a subir a la superficie. Suelen ser unos 2 o 3 minutos.

Cuando la pasta esté cocida a nuestro gusto, la escurrimos y la incorporamos a la sartén, con el resto de ingredientes (salvo en lasañas y canelones) y añadimos un poco de agua de cocción para ligar bien la salsa.

Si utilizamos pasta comprada, debemos respetar el tiempo de cocción que indica el fabricante.

Dar color y aroma a la pasta

Podemos perfumar y dar un toque de color a nuestra pasta con especias, hierbas frescas o deshidratadas...
Es muy fácil de hacer: solo tenemos que añadir un ingrediente a los huevos de la preparación de la pasta, batirlos bien y después incorporarlos a la harina antes de empezar a amasar.

Para dar color a 400 g de pasta

Pasta con pimentón
1 cucharada de pimentón dulce en polvo.

Pasta con semillas de adormidera
2 cucharadas de semillas de adormidera.

Pasta de albahaca
1 puñado de albahaca: mezclaremos los huevos con hojas de albahaca.

Pasta de cítricos
La ralladura de 1 limón o 1 naranja.

Pasta de setas
20 g de setas deshidratadas: las reduciremos a polvo y las mezclaremos con los huevos.

Pasta de remolacha
1 remolacha al vacío: mezclaremos la remolacha con los huevos.

Pasta de cacao
30 g de cacao en polvo.

• PASO A PASO •

RECETA BÁSICA

1 Sobre una superficie de trabajo, tamizamos la harina y formamos una especie de volcán sobre el que echaremos los huevos.

2 Mezclamos ambos ingredientes con un tenedor y, poco a poco, empezamos a incorporar la harina.

3 Amasamos con la mano, utilizando, sobre todo, la palma. Si es necesario, añadimos un poco de agua. Seguimos amasando hasta obtener una mezcla homogénea. La masa no debe quedar pegajosa; si eso ocurre, añadiremos un poco de harina.

4 Formamos una bola, la espolvoreamos con harina y la envolvemos en papel film. Dejamos reposar la masa durante 20 minutos a temperatura ambiente.

5 Después de 20 minutos de reposo, dividimos la bola de masa en 2 o 4 trozos iguales, en función de la cantidad preparada: cada porción debe pesar unos 100 g. Con la palma de la mano, formamos un disco con cada trozo y los enharinamos un poco.

6 Regulamos la laminadora (posición 0) y pasamos el disco de masa por la máquina, girando la manilla.

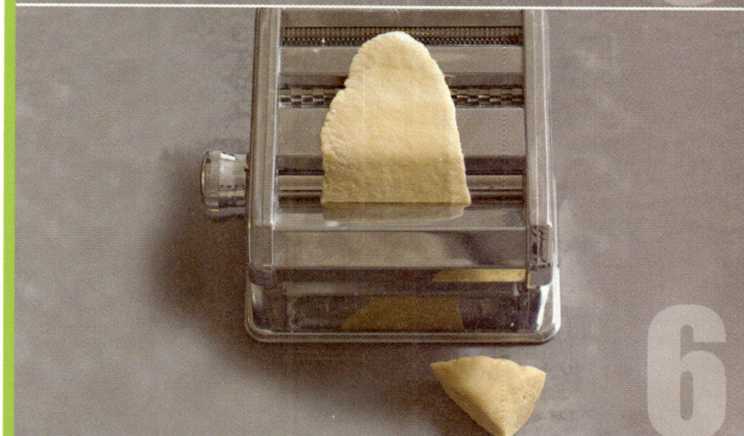

7 Doblamos el disco en tres (como si fuera una cartera) y volvemos a pasarlo por la máquina. Lo doblamos una segunda vez y, por último, pasamos la tira de masa dos o tres veces más por la máquina, siempre en la posición 0 de la laminadora.

8 Bajamos progresivamente el regulador y vamos pasando la masa. Podemos enharinarla siempre que lo creamos necesario. Bajamos el regulador hasta el número 5, 6 o 7, dependiendo del grosor que deseemos obtener.

• PASO A PASO •

CANELONES

1 Extendemos bien la masa.

2 Con la ayuda de un cuchillo, cortamos cuadrados de 12 cm^2.

3 Los sumergimos durante 30 segundos en agua hirviendo y luego los escurrimos.

4 Disponemos los cuadrados sobre un paño de cocina limpio, dejando un poco de espacio entre ellos para evitar que se peguen. Colocamos el relleno sobre un extremo y enrollamos.

Lasañas

Si queremos preparar una lasaña, cortamos el disco de masa (paso 2) del mismo tamaño que la fuente que queramos utilizar y seguimos con los pasos 3 y 4 de los canelones.

MEDIAS LUNAS

1 Extendemos la masa y, con la ayuda de una cuchara pequeña o de una manga pastelera, disponemos el relleno en porciones regulares de unos 5 cm.

2 Humedecemos la masa de alrededor del relleno con un pincel.

3 Doblamos el disco por la mitad, a lo largo. Presionamos bien alrededor del relleno para expulsar todo el aire y para que la masa quede bien pegada. Cortamos la masa en media luna con un vaso o con un cortador de galletas.

4 Sellamos los bordes de cada media luna con los dientes de un tenedor.

TRUCO

Si utilizamos la masa de raviolis comprada, disponemos el relleno en el centro de cada cuadrado. Humedecemos alrededor del relleno, doblamos el cuadrado en forma de triángulo y lo cortamos en forma de media luna con un vaso o con un cortador de galletas.

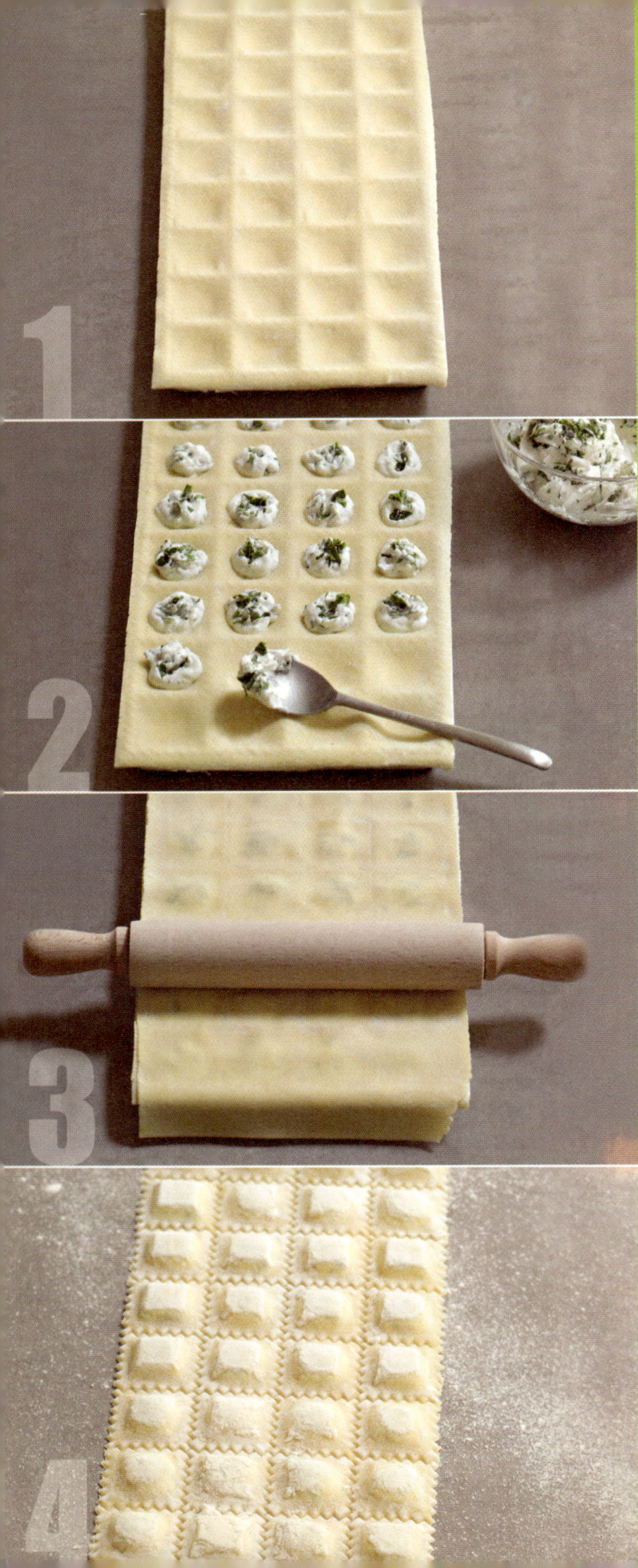

• PASO A PASO •

RAVIOLIS
CON MOLDE

1 Espolvoreamos el molde con harina y después colocamos la masa encima.

2 Rellenamos cada cuadrado con el relleno.

3 Cubrimos con otra hoja de masa y, con la ayuda de un rodillo de repostería, unimos bien las dos masas, hasta que veamos que todos los raviolis han quedado bien cerrados.

4 Damos la vuelta al molde y retiramos los raviolis.

Truco
Si utilizamos la masa de raviolis comprada, depositamos 4 cucharaditas de relleno sobre los cuadrados y después humedecemos alrededor y cubrimos con un segundo cuadrado de masa. Cortamos en cuatro y sellamos con un tenedor.
Es otra forma de hacer raviolis pequeños.

RAVIOLIS
SIN MOLDE

1 Extendemos la masa y disponemos el relleno a intervalos regulares de 5 cm. Humedecemos la masa de alrededor del relleno con un pincel.

2 Cubrimos con otra hoja de masa y presionamos alrededor del relleno para expulsar todo el aire y unir las masas entre ellas.

3 Cortamos los raviolis con un cortador de pasta dentado o con un cuchillo, dejando 1,5 cm de masa alrededor del relleno.

Raviolis

Para preparar raviolis grandes, disponemos una cucharada de relleno sobre un cuadrado de masa. Presionamos y cortamos el excedente de masa con la ayuda de un cortador de pasta dentado o un cuchillo.

• PASO A PASO •

TORTELLI

1 Extendemos la masa y, con la ayuda de un cuchillo, cortamos cuadrados de 6 cm. Depositamos una cucharadita de relleno en el centro de cada cuadrado.

2 Humedecemos un ángulo de cada cuadrado con la ayuda de un pincel. Doblamos los cuadrados y formamos un triángulo; presionamos alrededor del relleno con los dedos para así expulsar todo el aire y para que las dos masas queden bien unidas.

3 Presionamos bien los bordes para sellar los tortelli.

4 Doblamos los extremos del triángulo utilizando el pulgar y el índice. Si es necesario, utilizamos un poco de agua.

LAZOS

1 Extendemos la masa y cortamos rectángulos de alrededor de 3 × 5 cm con la ayuda de un cortador de pasta dentado o un cuchillo.

2 Doblamos ligeramente cada rectángulo por el centro, utilizando los dedos, para darles la forma característica de los lazos.

3 Los secamos sobre un paño de cocina seco y limpio.

• PASO A PASO •

ORECCHIETTE

1 Formamos una bola de unos 100 g de masa.

2 Enrollamos la masa hasta formar un pequeño cilindro de unos 2 cm de diámetro y, con la ayuda de un cuchillo, cortamos rodajas de masa.

3 Colocamos una rodaja sobre la palma de la mano y la presionamos con el pulgar para que adopte la forma de una orecchiette (orejita). Dejamos secar las orecchiette sobre una superficie de trabajo enharinada.

PAPPARDELLE

1 Extendemos la masa, la espolvoreamos ligeramente con harina y la doblamos varias veces sobre sí misma.

2 Con la ayuda de un cuchillo, cortamos los pappardelle (unos 2 cm de ancho).

3 Desenrollamos las tiras y disponemos los pappardelle sobre una superficie de trabajo enharinada. Dejamos secar.

• PASO A PASO •

TAGLIATELLE

1 Extendemos la masa.

2 Pasamos la masa por el accesorio destinado a cortar tagliatelle. Giramos la manivela poco a poco y sujetando la pasta para evitar que se rompa. También podemos doblar una tira de masa previamente enharinada y, con la ayuda de un cuchillo, cortar tiras de alrededor de 5 mm de ancho.

3 Enharinamos los tagliatelle para evitar que se peguen entre ellos y los secamos sobre un paño de cocina seco y limpio.

TAGLIOLINI

1 Extendemos la masa.

2 Espolvoreamos ligeramente la masa con harina y la doblamos sobre sí misma varias veces.

3 Con la ayuda de un cuchillo, cortamos tagliolini de unos 2 mm de ancho.

4 Desenrollamos la masa y disponemos los tagliolini a intervalos regulares sobre una superficie de trabajo enharinada. Dejamos secar.

• PASO A PASO •

ESPAGUETIS

1 Extendemos la masa.

2 Pasamos la masa por el accesorio destinado a cortar espaguetis. Giramos la manivela poco a poco y sujetando la pasta para evitar que se rompa.

3 Enharinamos los espaguetis para evitar que se peguen entre ellos y los secamos sobre un paño de cocina seco y limpio.

CARAMELOS

1 Extendemos la masa. Cortamos rectángulos de 8 × 6 cm. En el centro de cada rectángulo disponemos el relleno. Con la ayuda de un pincel, humedecemos una tira de 1 cm de ancho.

2 Enrollamos en forma de cilindro y soldamos bien los bordes.

3 Presionamos ambos extremos hasta formar un papillote, la forma característica del caramelo.

PASTA RELLENA

FÁCIL
Para **4** personas
30 min de preparación
35 min de cocción

CANELONES A LA NAPOLITANA

Pasta
*12 hojas de lasaña compradas **O** 200 g de harina • 2 huevos*

Relleno
80 g de jamón cocido en lonchas • 200 g de mozzarella de búfala • 100 g de mozzarella ahumada • 75 g de parmesano rallado • 2 huevos • 200 g de ricota • Sal • Pimienta • Aceite de oliva

Salsa
200 g de tomates pelados y sin pepitas • 2 ramitas de albahaca • 30 g de mantequilla • 75 g de parmesano rallado • Sal • Pimienta

1. Si la vamos a hacer en casa, elaboramos la masa (consultar pág. 12). Cocemos las hojas al dente en agua hirviendo durante 8 minutos y las dejamos enfriar sobre un paño de cocina seco.

2. Para el relleno: troceamos el jamón cocido, cortamos la mozzarella en dados y rallamos el parmesano. En un bol, batimos los 2 huevos y añadimos la ricota, los dados de mozzarella, el jamón troceado y el parmesano rallado. Salpimentamos y mezclamos bien.

3. Para preparar la salsa, deshojamos la albahaca, lavamos las hojas, las secamos y las picamos. En un cazo, fundimos la mantequilla y añadimos los tomates cortados en dados y casi toda la albahaca. Salpimentamos y cocemos entre 10 y 15 minutos.

4. Cortamos la masa en cuadrados (consultar pág. 14). Los sumergimos en una olla con agua hirviendo durante 30 segundos. Los escurrimos y los disponemos sobre un paño de cocina limpio dejando espacio entre ellos para evitar que se peguen.

5. Precalentamos el horno a 200 °C. Repartimos el relleno sobre los cuadrados de pasta y los enrollamos para obtener canelones. Los disponemos sobre una bandeja de horno engrasada con un chorrito de aceite de oliva. Cubrimos con la salsa de tomate y espolvoreamos con parmesano y con la albahaca restante. Horneamos entre 15 y 20 minutos a 200 °C. Servimos.

FÁCIL
Para **4** personas
30 min de preparación
1 h de cocción

CANELONES DE TERNERA

Pasta
*12 hojas de lasaña compradas **O** 200 g de harina • 2 huevos*

Relleno
1 zanahoria • 1 ramita de apio • 1 cebolla • 1 diente de ajo • 300 g de carne de ternera picada • 10 cl de vino blanco seco • 300 g de tomate en conserva • 1 cucharadita de orégano seco • 1 cucharada de perejil picado • 3 cucharadas de aceite de oliva • Sal • Pimienta

Acabado
100 g de parmesano • 60 g de mantequilla • Aceite de oliva

1. Si la vamos a hacer en casa, elaboramos la masa (consultar pág. 12). Cocemos las hojas al dente en agua hirviendo durante 8 minutos y las dejamos enfriar sobre un paño de cocina seco.

2. Para el relleno, pelamos y cortamos las verduras en dados pequeños. Pelamos y laminamos el diente de ajo o lo trituramos con un prensador de ajos. En un cazo, calentamos 3 cucharadas de aceite de oliva. Añadimos los dados de zanahoria, apio y cebolla y los sofreímos a fuego medio durante 5 minutos. Incorporamos la carne de ternera picada y dejamos que se sofría a fuego medio durante 3 minutos. Salpimentamos. Vertemos el vino blanco y, cuando se haya evaporado, añadimos el ajo, los tomates, el orégano y el perejil. Prolongamos la cocción durante unos 35 o 40 minutos más.

3. Cortamos la masa en cuadrados (consultar pág. 14). Los sumergimos en una olla con agua hirviendo durante 30 segundos. Los escurrimos y los disponemos sobre un paño de cocina limpio dejando espacio entre ellos para evitar que se peguen.

4. Precalentamos el horno a 220 °C. Rallamos el parmesano. Repartimos el relleno sobre los cuadrados de pasta y los enrollamos para obtener canelones. Los disponemos sobre una bandeja de horno engrasada con un chorrito de aceite de oliva. Cubrimos con el resto del relleno, espolvoreamos con parmesano y repartimos unos dados de mantequilla por encima. Horneamos entre 15 y 20 minutos a 220 °C. Servimos.

FÁCIL

Para **4** personas
30 min de preparación
40 min de cocción

CANELONES DE POLLO Y QUESO HOLANDÉS

Pasta
*12 hojas de lasaña compradas **O** 200 g de harina • 2 huevos*

Relleno
2 zanahorias • 2 cebolletas • 350 g de pechuga de pollo • 6 lonchas de beicon • 150 g de queso holandés • 20 cl de nata espesa • 1 manojo de perejil • Aceite de oliva • Pimienta • Parmesano rallado

1. Si la vamos a hacer en casa, elaboramos la masa (consultar pág. 12). Cocemos las hojas al dente en agua hirviendo durante 8 minutos y las dejamos enfriar sobre un paño de cocina seco.

2. Para el relleno, pelamos las zanahorias y las cortamos en dados. Cortamos las cebolletas en juliana. En una sartén, calentamos 2 cucharadas de aceite de oliva. Sofreímos la zanahoria a fuego lento durante 10 minutos y removemos de vez en cuando, hasta que se ablande un poco. Mientras, cortamos la pechuga de pollo en dados de 1 cm y las lonchas de beicon en tiras muy finas. Rallamos el queso. Cuando las zanahorias estén listas, añadimos la cebolleta, sofreímos durante 1 minuto y reservamos. En la misma sartén, doramos el pollo y el beicon con 1 cucharada de aceite de oliva. Una vez dorado, apartamos del fuego y añadimos el sofrito, 3 cucharadas de nata y la mitad del queso. Sazonamos con pimienta, mezclamos bien y espolvoreamos con perejil picado. Dejamos enfriar.

3. Cortamos la masa en cuadrados (consultar pág. 14). Los sumergimos en una olla con agua hirviendo durante 30 segundos. Los escurrimos y los disponemos sobre un paño de cocina limpio dejando espacio entre ellos para evitar que se peguen.

4. Precalentamos el horno a 180 °C. Rallamos el parmesano. Repartimos el relleno sobre los cuadrados de pasta y los enrollamos para obtener canelones. Los disponemos sobre una bandeja de horno engrasada con un chorrito de aceite de oliva y los bañamos con el resto de la nata y el queso holandés. Horneamos durante 20 minutos a 180 °C. Servimos.

FÁCIL

Para **4** personas
40 min de preparación
1 h de cocción

CANELONES DE TERNERA, MOZZARELLA Y ROMERO

Pasta
*12 hojas de lasaña compradas **O** 200 g de harina • 2 huevos*

Relleno
1 zanahoria • 1 ramita de apio • 1 cebolla • 1 diente de ajo • 300 g de ternera picada • 10 cl de vino blanco seco • 300 g de tomates en conserva • 1 ramita de romero • 60 g de jamón serrano • Aceite de oliva • Sal • Pimienta

Acabado
3 bolas de mozzarella • Aceite de oliva

1. Si la vamos a hacer en casa, elaboramos la masa (consultar pág. 12). Cocemos las hojas al dente en agua hirviendo durante 8 minutos y las dejamos enfriar sobre un paño de cocina seco.

2. Pelamos y cortamos las verduras en dados pequeños. Pelamos y laminamos el diente de ajo o lo trituramos con un prensador de ajos. En una sartén, calentamos 3 cucharadas de aceite de oliva y añadimos los dados de zanahoria, apio y cebolla y los sofreímos a fuego medio durante 5 minutos. En otra sartén, calentamos 2 cucharadas de aceite de oliva y añadimos la carne de ternera picada. Cuando esté bien dorada, vertemos el vino blanco y, cuando se haya evaporado por completo, incorporamos las verduras, los tomates, el romero y el ajo. Salpimentamos. Tapamos la sartén y prolongamos la cocción unos 25 o 30 minutos más, añadiendo agua siempre que sea necesario. Al acabar la cocción, añadimos el jamón cortado y dejamos enfriar.

3. Cortamos la masa en cuadrados (consultar pág. 14). Los sumergimos en una olla con agua hirviendo durante 30 segundos. Los escurrimos y los disponemos sobre un paño de cocina limpio dejando espacio entre ellos para evitar que se peguen.

4. Precalentamos el horno a 220 °C. Rallamos la mozzarella. Repartimos el relleno y la mitad de la mozzarella sobre los cuadrados de pasta. Los enrollamos para obtener canelones y los disponemos sobre una bandeja de horno engrasada con un chorrito de aceite de oliva. Los recubrimos con el resto del relleno y de la mozzarella. Horneamos entre 15 y 20 minutos a 220 °C. Servimos.

FÁCIL
Para **4** personas
30 min de preparación
1 h **30** de cocción

LASAÑA VERDE A LA BOLOÑESA

Pasta
18 o 20 hojas de lasaña compradas ***O*** *200 g de espinacas frescas • 300 g de harina • 2 huevos*

Relleno
1 zanahoria • 1 cebolla • 1 ramita de apio • 200 g de carne de buey picada • 150 g de carne de ternera picada • 10 cl de vino tinto • 40 cl de caldo de verduras • 1 ramillete de finas hierbas • 3 cucharadas de concentrado de tomate • Aceite de oliva • Sal • Pimienta

Bechamel
80 g de mantequilla • 80 g de harina • 1 l de leche • ½ cucharadita de nuez moscada rallada • Sal • Pimienta

Acabado
150 g de parmesano rallado • 30 g de mantequilla

1. Para el relleno, pelamos y cortamos la zanahoria, el apio y la cebolla en dados. Sofreímos las verduras en una sartén con un poco de aceite de oliva y a fuego medio. Añadimos la carne picada y subimos el fuego para que quede bien dorada. Vertemos el vino y dejamos que se evapore. Después, incorporamos el caldo de verduras, el ramillete de hierbas y el concentrado de tomate. Mezclamos bien todos los ingredientes y salpimentamos. Dejamos que se cueza a fuego lento durante 40 minutos.

2. Lavamos las espinacas y las hervimos entre 1 y 2 minutos. Las escurrimos y las metemos en un bol con hielo para enfriarlas. Las escurrimos de nuevo y las cortamos en tiras muy finas. Las mezclamos con los huevos batidos y preparamos la masa (consultar pág. 12).

3. Preparamos la bechamel. En un cazo, fundimos la mantequilla, incorporamos la harina y batimos. Calentamos durante 10 segundos a fuego medio. Vertemos la leche poco a poco, sin dejar de remover. Sazonamos con sal, pimienta y nuez moscada. Prolongamos la cocción durante unos 5 o 6 minutos, a fuego lento y sin dejar de remover. Reservamos.

4. Cortamos la masa en cuadrados (consultar pág. 14). Los sumergimos en una olla con agua hirviendo durante 30 segundos. Los escurrimos y los disponemos sobre un paño de cocina limpio dejando espacio entre ellos para evitar que se peguen.

5. Precalentamos el horno a 180 °C. En una bandeja para horno, vertemos un poco de bechamel y disponemos una primera capa de pasta, bechamel, salsa y parmesano. Repetimos la operación unas 4 o 5 veces, acabando con bechamel. Espolvoreamos con parmesano y repartimos la mantequilla. Horneamos 20 minutos a 180 °C. Servimos.

FÁCIL

Para **4** personas
40 min de preparación
45 min de cocción

LASAÑA DE LUBINA E HINOJO

Pasta
*18 o 20 hojas de lasaña compradas **O** 300 g de harina • 3 huevos • 1 cucharada de aceite de oliva*

Relleno
1 hinojo • 500 g de lubina en filetes • Aceite de oliva • Sal • Pimienta

Bechamel
40 g de mantequilla • 40 g de harina • 50 cl de leche • 1 pizca de nuez moscada rallada • Sal • Pimienta

Acabado
50 g de parmesano

1. Si la vamos a hacer en casa, elaboramos la masa (consultar pág. 12).

2. Preparamos la bechamel. En un cazo, fundimos la mantequilla, incorporamos la harina y batimos. Calentamos durante 10 segundos a fuego medio. Vertemos la leche poco a poco, sin dejar de remover para evitar los grumos. Sazonamos con sal, pimienta y nuez moscada. Prolongamos la cocción durante 5 o 6 minutos, a fuego lento y removiendo. Reservamos.

3. Para el relleno, lavamos el hinojo y lo cortamos en juliana. Lo sofreímos en una sartén junto con 2 cucharadas de aceite de oliva durante 6 o 7 minutos. Salpimentamos. Cortamos la lubina en tiras muy finas y las pasamos por la sartén con un chorrito de aceite de oliva, pero sin cocerlas por completo.

4. Cortamos la masa en cuadrados (consultar pág. 14). Los sumergimos en una olla con agua hirviendo durante 30 segundos. Los escurrimos y los ponemos sobre un paño de cocina limpio.

5. Precalentamos el horno a 180 °C. En una bandeja para horno, vertemos un poco de bechamel y disponemos una primera capa de pasta, lubina e hinojo y cubrimos de nuevo con bechamel. Repetimos la operación unas 4 o 5 veces, acabando con la bechamel y espolvoreamos con el parmesano rallado. Cubrimos con un trozo de papel de aluminio y horneamos durante 20 minutos a 180 °C. Después retiramos el papel y gratinamos otros 5 minutos. Dejamos reposar 5 minutos más con el horno apagado y servimos.

FÁCIL

Para **4** personas
40 min de preparación
1 h de cocción

LASAÑA DE MORCILLA Y MANZANA

Pasta

18 o 20 hojas de lasaña compradas ***O*** *300 g de harina • 3 huevos • 1 cucharada de aceite de oliva*

Relleno

3 manzanas • 2 cebollas • 300 g de castañas peladas • 400 g de morcilla • 150 g de queso de cabra • 5 cl de aguardiente de Armagnac • 40 g + 1 nuez de mantequilla • Aceite de oliva • Sal

1. Si la vamos a hacer en casa, elaboramos la masa (consultar pág. 12).

2. Para el relleno, pelamos las manzanas, les retiramos el corazón y las cortamos en dados de 1 cm^2. En una sartén, doramos la manzana con la mantequilla durante 10 minutos. Pasado ese tiempo, le incorporamos el aguardiente y la flambeamos. Reservamos. Cortamos las cebollas en juliana y las salteamos con 2 cucharadas de aceite de oliva en la sartén. Añadimos las castañas, salteamos entre 2 y 3 minutos y retiramos del fuego. Reservamos. Quitamos la piel de la morcilla, la cortamos en rodajas y la doramos por ambos lados con 2 cucharadas de aceite de oliva. Rectificamos el punto de sal.

3. Precalentamos el horno a 180 °C. Cortamos el queso de cabra en láminas. Cortamos la masa en cuadrados (consultar pág. 14). Los sumergimos en una olla con agua hirviendo durante 30 segundos. Los escurrimos y los disponemos sobre un paño de cocina limpio.

4. Cubrimos el fondo de una bandeja, previamente untada con mantequilla, con una capa de manzana y luego disponemos, de forma alternativa, una capa de pasta, una capa de la preparación de morcilla y castaña y otra de manzana, hasta acabar los ingredientes. Cubrimos la última capa con las láminas de queso de cabra y horneamos durante 30 minutos a 180 °C. Cuando la lasaña esté hecha y bien dorada, la dejamos reposar 5 minutos y después servimos.

FÁCIL

Para **4** personas
20 min de preparación
30 min de cocción

LASAÑA DE CAMEMBERT, TOMILLO Y JAMÓN

Pasta

18 o 20 hojas de lasaña compradas ***O*** *300 g de harina • 3 huevos • 1 cucharada de aceite de oliva*

Relleno

350 g de camembert • 2 dientes de ajo • 1 ramita de tomillo • 8 lonchas de jamón curado • Aceite de oliva

1. Si la vamos a hacer en casa, elaboramos la masa (consultar pág. 12).

2. Para el relleno, cortamos el camembert en láminas finas. Pelamos los ajos, los cortamos por la mitad y retiramos el germen. Los laminamos o los trituramos con un prensador de ajos y los ponemos en un bol, junto con 6 cucharadas colmadas de aceite de oliva. Reservamos.

3. Cortamos la masa en cuadrados (consultar pág. 14). Los sumergimos en una olla con agua hirviendo durante 30 segundos. Los escurrimos y los disponemos sobre un paño de cocina limpio.

4. Precalentamos el horno a 180 °C. Engrasamos una bandeja de horno con el aceite de ajo. Disponemos, de forma alternativa, una capa de pasta, una capa de láminas de queso, empapadas en aceite de ajo, espolvoreamos con un poco de tomillo y acabamos con una capa de jamón curado y otra de pasta. Repetimos la operación tres veces, acabando con camembert. Horneamos entre 25 y 30 minutos a 180 °C. Cuando la lasaña esté hecha y bien dorada, la dejamos reposar 5 minutos y después servimos.

FÁCIL

Para **4** personas
30 min de preparación
50 min de cocción

LASAÑA PARMIGGIANA

Pasta
*18 o 20 hojas de lasaña compradas **O** 300 g de harina • 3 huevos*

Relleno
3 berenjenas • 70 g de parmesano • 2 bolas de mozzarella • 5 ramitas de albahaca • 1 diente de ajo • Aceite de oliva

Salsa de tomate
1 cebolla • 600 g de tomates • 6 hojas de albahaca • Aceite de oliva • Sal • Pimienta

1. Si la vamos a hacer en casa, elaboramos la masa (consultar pág. 12).

2. Para el relleno, pelamos el ajo y lo trituramos con un prensador de ajos o con un cuchillo y lo mezclamos con 6 cucharadas de aceite de oliva. Reservamos. Cortamos las berenjenas en láminas muy finas, a lo largo. Rallamos el parmesano, y cortamos la mozzarella y las hojas de albahaca en tiras. Extendemos las láminas de berenjena sobre la bandeja de horno forrada con papel sulfurizado. Con un pincel, las empapamos con el aceite de ajo. Horneamos entre 10 y 15 minutos. Cuando empiecen a dorarse, las retiramos del horno.

3. Preparamos la salsa de tomate. Pelamos y cortamos la cebolla. En un cazo, calentamos 3 cucharadas de aceite de oliva, añadimos la cebolla y dejamos que se sofría durante 2 o 3 minutos. Después, incorporamos el tomate troceado y la albahaca. Sofreímos durante 10 minutos y salpimentamos.

4. Cortamos la masa en cuadrados (consultar pág. 14). Los sumergimos en una olla con agua hirviendo durante 30 segundos. Los escurrimos y los disponemos sobre un paño de cocina limpio.

5. Precalentamos el horno a 180 °C. Engrasamos la bandeja de horno con aceite y luego disponemos una capa de tomate, una de pasta, una de berenjenas asadas, una de tomate y por último una capa de mozzarella, albahaca y parmesano. Repetimos la operación hasta terminar los ingredientes. Acabamos con una capa de mozzarella y parmesano. Horneamos alrededor de 30 minutos a 180 °C. Cuando la lasaña esté hecha y bien dorada, la dejamos reposar 5 minutos y después servimos.

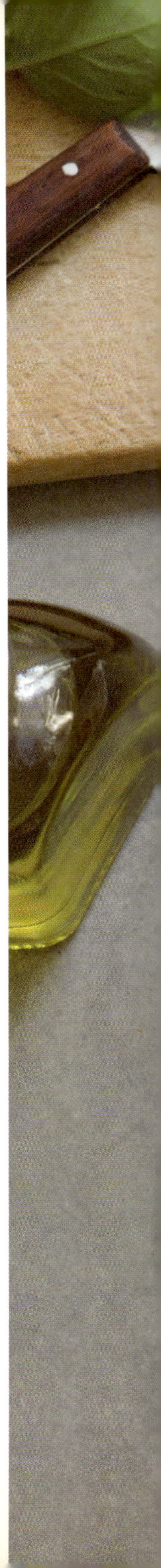

FÁCIL

Para **4** personas
30 min de preparación
50 min de cocción

LASAÑA DE CALABAZA, PANCETA Y BEAUFORT

Pasta
*18 o 20 hojas de lasaña compradas **O** 300 g de harina • 3 huevos • 1 cucharada de aceite de oliva*

Relleno
1 calabaza • 1 cebolla • 200 g de panceta • 200 g de queso tipo beaufort • Aceite de oliva • 40 g de mantequilla • Sal • Pimienta

1. Si la vamos a hacer en casa, elaboramos la masa (consultar pág. 12).

2. Para el relleno, pelamos y cortamos la calabaza en dados pequeños. La sofreímos en una sartén, junto con 2 cucharadas de aceite de oliva. Salpimentamos y tapamos. Dejamos que se sofría unos 10 o 15 minutos más. La calabaza debe quedar tierna. Acabada la cocción, la trituramos con un tenedor. Pelamos la cebolla y la cortamos en juliana. La sofreímos en una sartén con la panceta cortada en tiras. Doramos bien.

3. Cortamos la masa en cuadrados (consultar pág. 14). Los sumergimos en una olla con agua hirviendo durante 30 segundos. Los escurrimos y los disponemos sobre un paño de cocina limpio.

4. Precalentamos el horno a 180 °C. Sobre una bandeja de horno untada con mantequilla, disponemos una capa de pasta, una de calabaza, una de panceta y espolvoreamos con el queso rallado. Repetimos la operación hasta terminar con una capa de queso. Repartimos unos dados de mantequilla por encima y horneamos durante 20 minutos. Cuando la lasaña esté hecha y bien dorada, la dejamos reposar 5 minutos y después servimos.

FÁCIL

Para **4** personas
40 min de preparación
8 min de cocción

RAVIOLIS DE FINAS HIERBAS

Pasta
*1 paquete de pasta fresca o congelada **O** 300 g de harina • 3 huevos*

Relleno
4 ramitas de perejil • 1 cucharadita de mejorana • 1 cucharadita de perifollo • 1 cucharadita de cebollino • 300 g de carne de ternera picada • 250 g de ricota • Aceite de oliva • Sal • Pimienta

Salsa
60 g de mantequilla • 60 g de parmesano

1. Si la vamos a hacer en casa, elaboramos la masa (consultar pág. 12).

2. Para el relleno, picamos bien todas las hierbas. Sofreímos la carne de ternera picada con 2 cucharadas de aceite de oliva y salpimentamos. Cuando la carne esté dorada, retiramos del fuego y dejamos enfriar. En un bol, mezclamos el ricota con la carne y las hierbas. Rectificamos el punto de sal.

3. Preparamos los raviolis rellenos (consultar págs. 16-17). Los cocemos al dente durante 3 minutos, en una olla con abundante agua. Los sumergimos de cuatro en cuatro para que no se peguen entre ellos, los escurrimos y los mezclamos con la mantequilla y el parmesano. Servimos.

UN POCO DIFÍCIL

Para **4** personas
30 min de preparación
3 min de cocción

RAVIOLIS CRUJIENTES CON MAGRET DE PATO AHUMADO

Pasta
*1 paquete de pasta fresca o congelada **O** 300 g de harina • 3 huevos*

Relleno
80 g de queso fresco • 5 ramitas de perejil picado • 50 g de queso tipo comté • Sal • Pimienta

Crema
½ manojo de cebollino • 20 cl de nata líquida entera • Sal • Pimienta

Rebozado y cocción
1 clara de huevo • 100 g de pan rallado panko • 50 g de aceite para freír • Sal

Acabado
24 lonchas de magret de pato ahumado
• Brochetas de madera

1. Si la vamos a hacer en casa, elaboramos la masa (consultar pág. 12).

2. Para la crema, picamos el cebollino y montamos la nata bien fría con la batidora eléctrica. Salpimentamos. Añadimos el cebollino y reservamos en nevera hasta el momento de servir.

3. Para el relleno, escurrimos el queso, añadimos las hojas de perejil y el queso rallado y mezclamos bien para incorporar todos los ingredientes. Salpimentamos.

4. Preparamos los raviolis rellenos (consultar págs. 16-17). En un plato hondo batimos la clara de huevo hasta conseguir una textura de mousse, sumergimos los raviolis en ella y luego los rebozamos en pan rallado.

5. Freímos los raviolis en aceite bien caliente durante 1 o 2 minutos. Cuando estén bien dorados, los disponemos sobre papel absorbente. Echamos una pizca de sal. Servimos los raviolis en brocheta y los intercalamos con una loncha de magret de pato ahumado. Los acompañamos con la crema de cebollino.

TRUCO
Si tenemos un sifón, podemos utilizarlo para preparar la crema.

FÁCIL

Para **4** personas
30 min de preparación
10 min de cocción

RAVIOLIS DE ESPINACAS Y RICOTA

Pasta
1 paquete de pasta fresca o congelada ***O*** *300 g de harina • 3 huevos*

Relleno
1 diente de ajo • 400 g de espinacas frescas • 2 cucharadas de avellanas peladas • 250 g de ricota • 60 g de parmesano rallado • 25 g de mantequilla • Sal • Pimienta

Salsa
10 hojas de salvia fresca • 50 g de mantequilla

1. Si la vamos a hacer en casa, elaboramos la masa (consultar pág. 12).

2. Para el relleno, pelamos el ajo, lo cortamos por la mitad y retiramos el germen. En una sartén, fundimos la mantequilla a fuego lento y luego añadimos las espinacas. Clavamos la mitad del ajo en un tenedor y removemos las espinacas con ese mismo tenedor durante unos 5 minutos. Trituramos las avellanas aplastándolas con la hoja de un cuchillo ancho. Añadimos la ricota y el parmesano a las espinacas y, por último, incorporamos las avellanas. Salpimentamos.

3. Preparamos los raviolis rellenos (consultar pág. 16-17).

4. Para la salsa, picamos bien las hojas de salvia y fundimos la mantequilla en un cazo, a fuego lento. Añadimos las hojas de salvia picada y dejamos reposar.

5. Cocemos los raviolis al dente durante 3 minutos, en una olla con abundante agua. Los escurrimos y los mezclamos con la mantequilla y la salvia.

FÁCIL
Para **4** personas
25 min de preparación
8 min de cocción

RAVIOLIS DE JAMÓN Y PUERRO

Pasta
*1 paquete de pasta fresca o congelada **O** 300 g de harina • 3 huevos*

Relleno
2 puerros • 1 loncha de jamón cocido de 200 g • Aceite de oliva • Sal • Pimienta

Cocción y acabado
1 pastilla de caldo de verduras ecológico • 50 g de parmesano rallado

1. Si la vamos a hacer en casa, elaboramos la masa (consultar pág. 12).

2. Para el relleno, pelamos y lavamos los puerros y cortamos en juliana la parte blanca. La sofreímos en una sartén con 1 cucharada de aceite de oliva, a fuego medio, durante 5 minutos. Mientras, cortamos el jamón en dados y los añadimos a la sartén. Salpimentamos.

3. Preparamos los raviolis rellenos (consultar pág. 16-17).

4. Calentamos el caldo en un cazo y, cuando empiece a hervir, sumergimos los raviolis. Los cocemos al dente (alrededor de 2 minutos) y los escurrimos. Servimos de inmediato, con un poco de parmesano rallado.

TRUCO
Cortamos la parte verde del puerro también en juliana, lo más fina posible. Sofreímos las tiras en una sartén con 2 cucharadas de aceite de oliva durante unos 15 minutos. Las escurrimos sobre papel absorbente, sazonamos con sal y acompañamos el plato.

FÁCIL

Para **4** personas
30 min de preparación
50 min de cocción

RAVIOLIS DE PATO Y CALABAZA

Pasta
1 paquete de pasta fresca o congelada ***O*** *150 g de harina • 150 g de harina de castaña • 3 huevos*

Relleno
500 g de calabaza • 2 muslos de confit de pato • 1 diente de ajo • ½ cucharadita de nuez moscada en polvo • Sal • Pimienta

Cocción
1,5 l de caldo de verduras ecológico • 50 g de mantequilla • 40 g de parmesano rallado

1. Si la vamos a hacer en casa, elaboramos la masa (consultar pág. 12). Precalentamos el horno a 180 °C.

2. Para el relleno, cortamos la calabaza por la mitad y retiramos las semillas. Después partimos cada mitad en cuatro partes iguales y la asamos en el horno, con una hoja de papel de aluminio encima durante 40 minutos. Ponemos los muslos de pato en un bol y lo ponemos al baño María para desgrasarlos. Retiramos la piel y los deshuesamos. Después, picamos la carne. Pelamos el ajo, retiramos el germen y lo picamos fino. Pelamos la calabaza asada. Mezclamos la carne de pato con el ajo. Salpimentamos y añadimos la nuez moscada. Incorporamos la calabaza, mezclamos y rectificamos el punto de sal. Dejamos enfriar la preparación.

3. Preparamos los raviolis rellenos (consultar pág. 16-17).

4. Cocemos los raviolis al dente durante 3 minutos, en el caldo. Los sumergimos de cuatro en cuatro para que no se peguen entre ellos, los escurrimos y los mezclamos con la mantequilla y el parmesano rallado. Servimos de inmediato.

TRUCO
Para ganar tiempo, podemos comprar puré de calabaza congelado.

FÁCIL

Para **4** personas
45 min de preparación
10 min de cocción

MEDIAS LUNAS DE PERA Y QUESO AZUL

Pasta
1 paquete de pasta fresca o congelada ***O*** *200 g de harina • 2 huevos*

Relleno
3 peras • 4 cucharadas de vinagre balsámico • 30 g de mantequilla con sal

Salsa
12 cucharadas de avellanas • 20 g de nata líquida • 50 g de queso azul

1. Si la vamos a hacer en casa, elaboramos la masa (consultar pág. 12).

2. Para el relleno, lavamos las peras, las pelamos, retiramos el corazón y las cortamos en dados muy pequeños. Los sofreímos, junto con la mantequilla, entre 1 y 2 minutos. Después, los caramelizamos durante unos segundos con el vinagre balsámico y dejamos enfriar.

3. Para la salsa, trituramos las avellanas aplastándolas con la hoja de un cuchillo ancho. En un cazo, calentamos la nata a fuego lento y añadimos el queso que previamente habremos cortado en dados. Cuando se haya fundido, añadimos la mitad de las avellanas y removemos.

4. Preparamos las medias lunas rellenas (consultar pág. 15). Las sumergimos en una olla con abundante agua durante 2 o 3 minutos, las escurrimos y las regamos con la salsa de queso y avellana. Decoramos el plato con el resto de avellanas y servimos.

FÁCIL

Para **4** personas
30 min de preparación
35 min de cocción

MEDIAS LUNAS DE HIGOS Y BEICON CON CREMA DE GORGONZOLA

Pasta
1 paquete de pasta fresca o congelada ***O*** *1 huevo • 1 remolacha envasada al vacío • 300 g de harina*

Relleno
8 higos • 30 g de azúcar • 6 lonchas finas de beicon • 50 g de mantequilla • Sal • Pimienta

Salsa
150 g de gorgonzola • 15 cl de nata líquida

1. Si la vamos a hacer en casa, elaboramos la masa (consultar pág. 12).

2. Precalentamos el horno a 200 °C y preparamos el relleno.
Con un cuchillo, cortamos una cruz en cada higo y, en el interior, introducimos un trozo de mantequilla. Disponemos los higos en una bandeja de horno y espolvoreamos con azúcar, sal y pimienta. Horneamos entre 15 y 20 minutos a 200 °C. Después, los cortamos en dados. Doramos las lonchas de beicon en una sartén bien caliente, sin aceite ni mantequilla. Después las cortamos en dados y las mezclamos con los higos.

3. Para la salsa, troceamos el gorgonzola, lo ponemos en un cazo pequeño y vertemos la nata líquida. Calentamos a fuego lento y removemos de vez en cuando para que el queso se funda bien.

4. Preparamos las medias lunas rellenas (consultar pág. 15). Las cocemos al dente durante 3 minutos más o menos, en una olla con abundante agua. Las escurrimos y las volvemos a meter en la olla. Vertemos la crema de gorgonzola y removemos con mucho cuidado, a fuego lento y durante 1 minuto. Servimos.

FÁCIL

Para **4** personas
30 min de preparación
35 min de cocción

MEDIAS LUNAS DE PIMIENTO Y RICOTA CON CREMA DE AJO

Pasta
1 paquete de pasta fresca o congelada ***O*** *300 g de harina • 3 huevos*

Relleno
3 pimientos rojos • 200 g de ricota • ½ cucharadita de pimentón dulce • Aceite de oliva • Sal • Pimienta

Crema de ajo
8 dientes de ajo • 20 cl de leche • 20 cl de nata líquida entera • Sal • Pimienta

1. Si la vamos a hacer en casa, elaboramos la masa (consultar pág. 12).

2. Para la crema de ajo, pelamos los ajos, retiramos el germen y los cocemos en una olla, con la leche, durante 10 o 15 minutos. Los escurrimos y los pasamos por el batidor eléctrico junto con la nata. Salpimentamos.

3. Preparamos el relleno. Lavamos los pimientos, retiramos los pedúnculos y las semillas y los cortamos en dados pequeños de unos 0,5 cm. En una sartén, echamos un chorrito de aceite y sofreímos los dados. Después, bajamos el fuego y dejamos que se cuezan un poco más. Sazonamos y, cuando los dados estén bien tiernos, los ponemos en un bol y los mezclamos con el ricota, 1 cucharada de aceite de oliva, el pimentón dulce, sal y pimienta.

4. Preparamos las medias lunas rellenas (consultar pág. 15). Las cocemos al dente, durante unos 3 minutos, en una olla con abundante agua. Las sumergimos de cuatro en cuatro para evitar que se peguen. Las escurrimos y las volvemos a meter en la olla. Vertemos la crema de ajo y removemos con mucho cuidado, a fuego lento y durante 1 minuto. Servimos.

125
125 ML

DIFÍCIL

Para **4** personas
35 min de preparación
10 min de cocción

TORTELLI DE CANGREJO Y EMULSIÓN DE AGUACATE

Pasta
*1 paquete de pasta fresca o congelada **O** 300 g de harina • 3 huevos*

Relleno
1 lima • 1 naranja • 1 combava (u otra lima) • 240 g de carne de cangrejo • 4 cucharadas de ricota • 3 ramitas de cilantro • Flor de sal

Salsa
30 cl de nata líquida entera • 10 cl de leche • 2 cucharadas de aceite de aguacate • Sal • Pimienta

1. Si la vamos a hacer en casa, elaboramos la masa (consultar pág. 12).

2. Para el relleno, pelamos los cítricos con un rallador o con un pelador (evitando la parte blanca) y los picamos. Escurrimos la carne de cangrejo, la desmigamos y la mezclamos con el ricota, 1 cucharada rasa de piel de cítricos, el zumo de ½ lima, flor de sal y el cilantro picado.

3. Preparamos los tortelli rellenos (consultar pág. 18).

4. Para la salsa, calentamos la nata y la leche en un cazo y salpimentamos. Añadimos el aceite de aguacate y vertemos la mezcla en el vaso de la batidora. Batimos hasta obtener una mousse.

5. Sumergimos los tortelli en una olla con agua hirviendo. Cuando estén al dente (alrededor de 2 minutos), los escurrimos. Los disponemos en platos hondos y los decoramos con la mousse de aguacate.

TRUCO
Podemos comprar combava, también conocida como limón kaffir, en tiendas asiáticas o de frutos exóticos.

DIFÍCIL

Para **4** personas
35 min de preparación
3 min de cocción

TORTELLI DE JAMÓN

Pasta
*1 paquete de pasta fresca o congelada **O** 300 g de harina • 3 huevos*

Relleno
6 lonchas de jamón serrano • ½ manojo de albahaca • 50 g de parmesano • 250 de ricota • Sal • Pimienta

Acabado
1 chorrito de aceite de oliva • 50 g de parmesano

1. Si la vamos a hacer en casa, elaboramos la masa (consultar pág. 12).

2. Para el relleno, retiramos la grasa de las lonchas de jamón y las picamos. Picamos también las hojas de albahaca. Rallamos el parmesano y lo mezclamos con el jamón, la albahaca y la ricota. Salpimentamos.

3. Preparamos los tortelli rellenos (consultar pág. 18). Los sumergimos en una olla con agua hirviendo. Cuando estén al dente (alrededor de 2 minutos), los escurrimos y los regamos con un chorrito de aceite de oliva. Espolvoreamos con el parmesano y servimos.

PASTA CORTA

FÁCIL

Para **4** personas
15 min de preparación
1 h de reposo
3 min de cocción

LAZOS CON ATÚN, ALCAPARRAS Y OLIVAS

Pasta
400 g de lazos comprados ***O*** *400 g de harina • 4 huevos*

Guarnición
10 tomates cherry • 1 bola de mozzarella de búfala • Unas ramitas de cebollino • 100 g de atún blanco • 20 g de alcaparras • 150 g de olivas negras sin hueso • Aceite de oliva • Sal • Pimienta.

1. Si la vamos a hacer en casa, elaboramos la masa (consultar pág. 12).

2. Preparamos los lazos (consultar pág. 19). Los sumergimos en una olla de agua hirviendo y, cuando estén al dente (alrededor de 2 minutos), los escurrimos y los pasamos por agua fría para detener la cocción. Los escurrimos otra vez, los ponemos en un bol y los regamos con un chorrito de aceite de oliva. Reservamos en nevera.

3. Para la guarnición, cortamos los tomates cherry por la mitad o en cuatro, en función del tamaño. Cortamos la mozzarella en dados y picamos el cebollino. Mezclamos el atún, las alcaparras, las olivas, los tomates, la mozzarella y el cebollino. Añadimos un chorrito de aceite de oliva y salpimentamos.

4. Sacamos el bol de pasta de la nevera, añadimos la guarnición y mezclamos. Dejamos que se enfríe durante 1 h en la nevera. Lo sacamos 15 minutos antes de servir.

FÁCIL

Para **4** personas
10 min de preparación
15 min de cocción

LAZOS CON RÚCULA Y TOMATES CHERRY

Pasta
400 g de lazos comprados ***O*** *400 g de harina • 4 huevos*

Guarnición
250 g de tomates cherry • 150 g de rúcula • 100 g de parmesano • Aceite de oliva • Sal • Pimienta

1. Si la vamos a hacer en casa, elaboramos la masa (consultar pág. 12).

2. Preparamos los lazos (consultar pág. 19).

3. Para la guarnición, lavamos los tomates cherry. En una sartén grande, calentamos 3 cucharadas de aceite de oliva, añadimos los tomates y los sofreímos a fuego lento durante 10 minutos. Después incorporamos la rúcula y mezclamos durante 1 minuto. Salpimentamos.

4. Sumergimos los lazos en una olla de agua hirviendo y, cuando estén al dente (alrededor de 2 minutos), los escurrimos y los mezclamos con los tomates y la rúcula. Servimos con el parmesano rallado.

UN POCO DIFÍCIL

Para **4** personas
45 min de preparación
35 min de cocción

LAZOS GRATINADOS CON POLLO

Pasta
*400 g de lazos comprados **O** 400 g de harina • 4 huevos*

Guarnición
20 cl de nata líquida • 2 cucharaditas de caldo de carne • 500 g de sobras de pollo asado • 300 g de champiñones frescos • Aceite de oliva • 25 g de mantequilla • Sal • Pimienta

Bechamel
40 g de mantequilla • 40 g de harina • 50 cl de leche • Sal • Pimienta

Acabado
50 g de parmesano

1. Si la vamos a hacer en casa, elaboramos la masa (consultar pág. 12).

2. Preparamos los lazos (consultar pág. 19).

3. Para la guarnición. En un cazo pequeño, calentamos la nata, diluimos el caldo de carne y salpimentamos. Retiramos la piel del pollo asado, lo deshuesamos y cortamos la carne en dados. Limpiamos bien los champiñones y los cortamos en cuatro. En una sartén, calentamos 3 cucharadas de aceite de oliva y añadimos la mantequilla. Cuando empiece a adoptar una textura de mousse, incorporamos los champiñones y dejamos que se doren. Sazonamos y añadimos el pollo. Proseguimos la cocción durante unos 5 minutos más a fuego lento. Rectificamos el punto de sal.

4. Preparamos la bechamel. En un cazo, fundimos la mantequilla, incorporamos la harina y batimos durante 10 segundos, a fuego medio. Vertemos la leche poco a poco, sin dejar de remover para evitar que se formen grumos. Salpimentamos. Prolongamos la cocción durante unos 5 o 6 minutos, a fuego lento y sin dejar de remover. Reservamos.

5. Sumergimos los lazos en una olla de agua hirviendo y, cuando estén al dente (alrededor de 2 minutos), los escurrimos. En una bandeja para horno, mezclamos los lazos con el pollo y los champiñones. Vertemos la bechamel y espolvoreamos con parmesano rallado. Horneamos durante 20 minutos a 180 °C y servimos.

TRUCO
Si no tenemos sobras, podemos utilizar 3 muslos de pollo. Los deshuesamos, los cortamos en dados, los salpimentamos y los doramos con un chorrito de aceite.

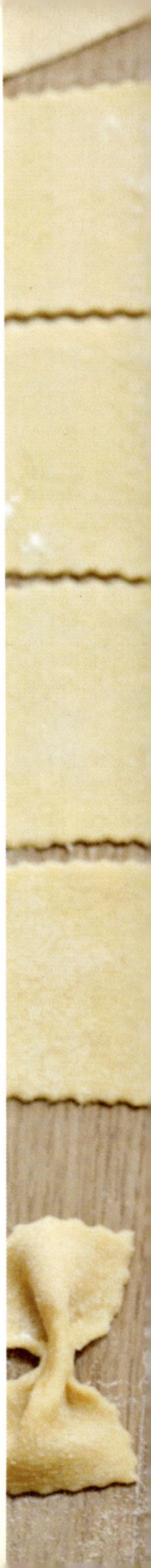

FÁCIL

Para **4** personas
15 min de preparación
3 min de cocción
1 h de reposo

ENSALADA DE LAZOS, HIGOS, JAMÓN SERRANO Y MOZZARELLA

Pasta
400 g de lazos comprados ***O*** *400 g de harina • 4 huevos*

Guarnición
6 lonchas de jamón serrano • 8 higos • 2 bolas de mozzarella de búfala • 4 ramitas de albahaca • 50 g de parmesano • Aceite de oliva • Sal y pimienta

1. Si la vamos a hacer en casa, elaboramos la masa (consultar pág. 12).

2. Preparamos los lazos (consultar pág. 19).

3. Para la guarnición, cortamos el jamón serrano en tiras, laminamos los higos y cortamos las bolas de mozzarella en dados pequeños. Retiramos las hojas de albahaca y las picamos. Con la ayuda de un pelador, hacemos virutas de parmesano.

4. Sumergimos los lazos en una olla de agua hirviendo y, cuando estén al dente (alrededor de 2 minutos), los escurrimos y los pasamos por agua fría para detener la cocción. Los escurrimos otra vez, los ponemos en un bol y los regamos con 1 chorrito de aceite de oliva. Añadimos el jamón, los higos y la mozzarella. Mezclamos bien todos los ingredientes y salpimentamos. Reservamos 1 h en la nevera.

5. En el momento de servir, espolvoreamos con las virutas de parmesano y la albahaca.

FÁCIL

Para **4** personas
10 min de preparación
2 min de cocción

ORECCHIETTE AL PESTO ROJO

Pasta
*400 g de orecchiette compradas **O** 400 g de harina • 4 huevos*

Pesto
100 g de parmesano • ½ manojo de albahaca • 2 dientes de ajo • 280 g de tomates secos • 100 g de piñones • 15 cl de aceite de oliva • Sal • Pimienta

1. Si la vamos a hacer en casa, elaboramos la masa (consultar pág. 12).

2. Preparamos las orecchiette (consultar pág. 20).

3. Para el pesto, rallamos el parmesano y retiramos las hojas de albahaca. Pelamos los dientes de ajo y eliminamos el germen. Escurrimos los tomates secos. Lo mezclamos todo con los piñones y el aceite de oliva, salpimentamos y lo trituramos. Reservamos en nevera.

4. Sumergimos las orecchiette en una olla de agua hirviendo y, cuando estén al dente (alrededor de 2 minutos), las escurrimos. Las mezclamos bien con el pesto rojo y servimos.

FÁCIL

Para **4** personas
10 min de preparación
5 min de cocción

ORECCHIETTE CON NUECES Y GORGONZOLA

Pasta
400 g de orecchiette compradas ***O*** *400 g de harina • 4 huevos*

Salsa
70 g de nueces • 20 cl de nata fresca • 100 g de gorgonzola • Sal • Pimienta

1. Si la vamos a hacer en casa, elaboramos la masa (consultar pág. 12).

2. Preparamos las orecchiette (consultar pág. 20).

3. Para el relleno, trituramos las nueces aplastándolas con la hoja de un cuchillo. Calentamos la nata y el gorgonzola a fuego lento. Añadimos las nueces y sazonamos primero con pimienta y, después, con sal.

4. Sumergimos las orecchiette en una olla de agua hirviendo y, cuando estén al dente (alrededor de 2 minutos), las escurrimos y las volvemos a meter en la olla vacía. Incorporamos la salsa y cocemos durante 1 o 2 minutos a fuego lento. Servimos.

PASTA LARGA

FÁCIL
Para **4** personas
20 min de preparación
12 min de cocción

PAPPARDELLE CON ESPÁRRAGOS, GUISANTES Y JAMÓN

Pasta
*400 g de pappardelle comprados **O** 400 g de harina • 4 huevos*

Guarnición
1 manojo de espárragos verdes • 1 cebolla • 150 g de jamón serrano • 250 g de guisantes congelados • 100 g de parmesano rallado • Aceite de oliva • Sal • Pimienta

1. Si la vamos a hacer en casa, elaboramos la masa (consultar pág. 12).

2. Preparamos los pappardelle (consultar pág. 21).

3. Para la guarnición, reservamos la punta de los espárragos y cortamos el resto en rodajas muy finas. Pelamos la cebolla y la cortamos en plumas. Por último, cortamos el jamón en tiras. En un cazo con agua hirviendo, sumergimos las puntas de espárrago durante 3 minutos, las escurrimos y reservamos. Hervimos los guisantes en la misma agua, hasta que queden tiernos, y después los escurrimos y los reservamos. En una sartén grande, sofreímos la cebolla junto con 3 cucharadas de aceite de oliva y añadimos las rodajas de espárragos. Deben quedar ligeramente crujientes. En esa misma sartén, sofreímos las puntas de espárrago, los guisantes y el jamón, a fuego lento, durante 1 minuto. Salpimentamos.

4. Sumergimos los pappardelle en una olla de agua hirviendo y, cuando estén al dente (alrededor de 2 o 3 minutos), los escurrimos y los salteamos en la sartén, junto con el resto de ingredientes. Vertemos 1 chorrito de aceite de oliva y removemos. Servimos con parmesano rallado.

TRUCO
Si no es temporada de espárragos, podemos utilizarlos congelados.

FÁCIL

Para **4** personas
20 min de preparación
10 min de cocción

PAPPARDELLE CON ALCACHOFAS

Pasta
400 g de pappardelle comprados ***O*** *400 g de harina • 4 huevos*

Guarnición
6 alcachofas • 1 limón • 2 dientes de ajo • 1 limón confitado • 2 ramitas de tomillo • 5 cl de vino blanco • 80 g de pecorino rallado • 5 cl de aceite de oliva • Sal • Pimienta

1. Si la vamos a hacer en casa, elaboramos la masa (consultar pág. 12).

2. Preparamos los pappardelle (consultar pág. 21).

3. Para la guarnición, cortamos el tallo de las alcachofas y las partimos por la mitad. Eliminamos las hojas exteriores más duras. Sazonamos los corazones con limón para evitar que se oxiden. Después, los cortamos en láminas muy finas. Pelamos los dientes de ajo y los trituramos con un prensador de ajos. En una sartén, calentamos el aceite de oliva, añadimos el ajo y sofreímos las láminas de alcachofa. Picamos el limón confitado y lo agregamos a las alcachofas. Incorporamos también el tomillo. Vertemos el vino blanco, dejamos que se evapore y salpimentamos. Las alcachofas deben quedar crujientes. Reservamos.

4. Sumergimos los pappardelle en una olla de agua hirviendo y, cuando estén al dente (alrededor de 2 o 3 minutos), los escurrimos y los echamos en la sartén, junto con el resto de ingredientes. Prolongamos la cocción durante 1 minuto, a fuego lento. Servimos con el pecorino rallado.

FÁCIL

Para **4** personas
30 min de preparación
20 min de cocción

PAPPARDELLE CON CREMA DE SETAS Y POLLO

Pasta
400 g de pappardelle comprados ***O*** *400 g de harina • 4 huevos*

Guarnición
300 g de setas frescas • 3 pechugas de pollo • 2 dientes de ajo • 4 ramitas de perejil • 20 cl de nata líquida • 20 g de mantequilla • Aceite de oliva • 2 cucharadas de aceite de trufa blanca • 100 g de parmesano rallado • Sal • Pimienta

1. Si la vamos a hacer en casa, elaboramos la masa (consultar pág. 12).

2. Preparamos los pappardelle (consultar pág. 21).

3. Para la guarnición, limpiamos bien las setas. Las cortamos en láminas un poco gruesas. Después, cortamos las pechugas de pollo en tiras. Pelamos los dientes de ajo, retiramos el germen, y los picamos o los trituramos con un prensador de ajos. Picamos el perejil. En una sartén, echamos un chorrito de aceite de oliva y sofreímos las tiras de pollo. Cuando estén bien doradas, salpimentamos y reservamos. En la misma sartén fundimos la mantequilla con otro chorrito de aceite. En el momento en que empiece a adoptar una textura de mousse, añadimos las setas y las sofreímos hasta que queden bien doradas. Esperamos a que el agua de las setas se evapore por completo. Salpimentamos e incorporamos el ajo. Añadimos el pollo y la nata. Mezclamos bien los ingredientes y prolongamos la cocción durante 5 minutos más a fuego lento.

4. Sumergimos los pappardelle en una olla de agua hirviendo y, cuando estén al dente (alrededor de 2 o 3 minutos), los escurrimos y los añadimos al resto de ingredientes. Prolongamos la cocción durante 1 minuto, a fuego lento. Regamos con 1 chorrito de aceite de trufa y servimos espolvoreado con el parmesano y el perejil.

TRUCO
Podemos utilizar setas congeladas.

FÁCIL

Para **4** personas
20 min de preparación
10 min de cocción

ESPAGUETIS A LA MARINERA

Pasta
*400 g de espaguetis comprados **O** 400 g de harina • 4 huevos*

Guarnición
800 g de berberechos • 2 dientes de ajo • 3 ramitas de perejil • 20 cl de vino blanco • 3 cucharadas de nata fresca espesa • Aceite de oliva • Sal • Pimienta

1. Si la vamos a hacer en casa, elaboramos la masa (consultar pág. 12).

2. Preparamos los espaguetis (consultar pág. 24).

3. Para la guarnición, lavamos los berberechos con agua fría y desechamos los que estén abiertos. Pelamos los ajos y retiramos el germen. Luego los picamos o los trituramos con un prensador de ajos. Picamos el perejil. En una sartén grande, sofreímos los berberechos con 3 cucharadas de aceite durante 1 minuto. Agregamos el ajo, mezclamos bien y, por último, añadimos el vino blanco. Salpimentamos. Cuando los berberechos se abran, detenemos la cocción. Recuperamos el caldo de los berberechos, lo filtramos con la ayuda de un colador y lo hervimos en un cazo. Dejamos que se reduzca e incorporamos la nata fresca. Mezclamos bien.

4. Sumergimos los espaguetis en una olla de agua hirviendo y, cuando estén al dente (alrededor de 2 minutos), los escurrimos y los agregamos a la sartén, junto con el sofrito. Vertemos el caldo con nata y prolongamos la cocción durante 1 minuto, a fuego lento. Espolvoreamos con el perejil y servimos.

FÁCIL
Para **4** personas
20 min de preparación
20 min de cocción

ESPAGUETIS A LA AMATRICIANA

Pasta
400 g de espaguetis comprados ***O*** *400 g de harina • 4 huevos*

Guarnición
4 tomates bien maduros (o 1 lata de tomates pelados) • 150 g de beicon • 1 cebolla roja • 1 guindilla roja (o guindilla seca) • 5 hojas de albahaca • 50 g de pecorino rallado • Aceite de oliva • Sal • Pimienta

1. Si la vamos a hacer en casa, elaboramos la masa (consultar pág. 12).

2. Preparamos los espaguetis (consultar pág. 24).

3. Para la guarnición. Con un cuchillo, hacemos una cruz en la parte inferior de los tomates y los sumergimos durante 15 segundos en agua hirviendo. Después, los refrescamos con agua fría, los pelamos, retiramos las semillas y los cortamos en dados. Cortamos el beicon en tiras. Pelamos la cebolla y la picamos. Retiramos el pedúnculo de la guindilla, la cortamos por la mitad y retiramos las semillas. En una sartén, sofreímos la cebolla picada con 3 cucharadas de aceite de oliva y después añadimos el beicon. Esperamos a que se dore un poco. Incorporamos los tomates, la guindilla cortada por la mitad y unas hojas de albahaca. Salpimentamos. Prolongamos la cocción durante unos 15 minutos y reservamos.

4. Sumergimos los espaguetis en una olla de agua hirviendo y, cuando estén al dente (alrededor de 2 minutos), los escurrimos y los mezclamos con la guarnición. Servimos con el pecorino rallado.

TRUCO
Para ahorrar un poco de tiempo, podemos utilizar un pelador con el filo dentado para pelar los tomates.

FÁCIL

Para **4** personas
10 min de preparación
15 min de cocción

ESPAGUETIS CON DOS JAMONES Y SALSA DE TRUFA

Pasta
400 g de espaguetis comprados ***O*** *400 g de harina • 4 huevos*

Salsa
20 cl de nata líquida • 60 g de salsa de trufa y setas

Guarnición
100 g de jamón serrano • 1 loncha de jamón cocido de 100 g • 100 g de parmesano rallado • Sal • Pimienta

1. Si la vamos a hacer en casa, elaboramos la masa (consultar pág. 12).

2. Preparamos los espaguetis (consultar pág. 24).

3. Para la salsa, calentamos la nata y la salsa de trufa en una olla a fuego lento durante 10 minutos. Cortamos el jamón serrano en tiras y el jamón cocido en dados.

4. Sumergimos los espaguetis en una olla de agua hirviendo y, cuando estén al dente (alrededor de 2 minutos), los escurrimos y los agregamos a la salsa. Añadimos los dos tipos de jamón y el parmesano. Salpimentamos. Mezclamos bien y servimos.

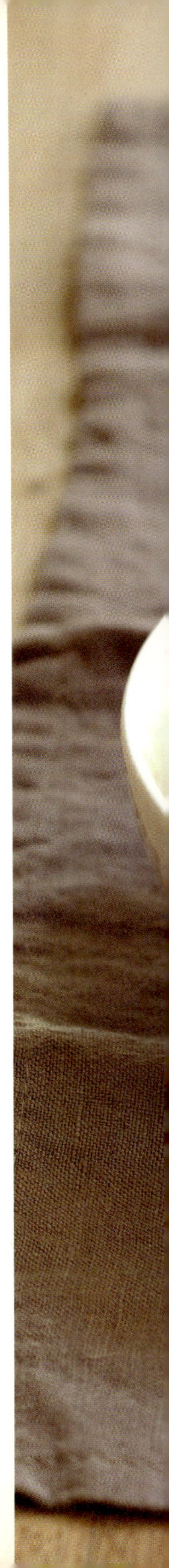

FÁCIL

Para **4** personas
30 min de preparación
20 min de cocción

ESPAGUETIS A LA PUTTANESCA

Pasta
400 g de espaguetis comprados ***O*** *400 g de harina • 4 huevos*

Guarnición
2 tomates • 4 filetes de anchoa sin sal • 2 dientes de ajo • 1 cucharada de alcaparras sin sal • 100 g de olivas negras • 2 cucharadas de perejil picado • Aceite de oliva

1. Si la vamos a hacer en casa, elaboramos la masa (consultar pág. 12).

2. Preparamos los espaguetis (consultar pág. 24).

3. Para la guarnición, sumergimos los tomates durante 10 minutos en agua hirviendo y, después, los refrescamos 2 minutos en agua helada para detener la cocción. Los pelamos, los cortamos en cuatro y retiramos las pepitas. Después los cortamos en tiras. Lavamos las anchoas y las cortamos. Pelamos el ajo y lo picamos. Por último, picamos las olivas negras. En una sartén, calentamos 3 cucharadas de aceite de oliva y añadimos las anchoas y el ajo. Cuando el ajo empiece a dorarse, incorporamos las olivas, las alcaparras y los tomates. Sofreímos durante 2 minutos y prolongamos la cocción entre 8 y 10 minutos a fuego lento. Al final, espolvoreamos con el perejil.

4. Sumergimos los espaguetis en una olla de agua hirviendo y, cuando estén al dente (alrededor de 2 minutos), los escurrimos y los servimos con la guarnición.

TRUCO
Si no es temporada de tomates, los podemos utilizar en conserva.

FÁCIL

Para **4** personas
15 min de preparación
10 min de cocción

TAGLIATELLE CON LIMÓN Y VODKA

Pasta
*400 g de tagliatelle comprados **O** 400 g de harina • 4 huevos*

Salsa
3 limones • 10 cl de vodka • 20 cl de nata líquida • 30 g de mantequilla

1. Si la vamos a hacer en casa, elaboramos la masa (consultar pág. 12).

2. Preparamos los tagliatelle (consultar pág. 22).

3. Para la salsa, lavamos los limones y rallamos la piel de uno. Exprimimos los tres y reservamos el zumo. Fundimos la mantequilla en una sartén y, a fuego lento, sofreímos la ralladura durante 4 o 5 minutos. Agregamos el zumo de limón y el vodka. Dejamos que hierva durante unos minutos y, por último, incorporamos la nata. Dejamos que se reduzca un poco.

4. Sumergimos los tagliatelle en una olla de agua hirviendo y, cuando estén al dente (alrededor de 2 minutos), los escurrimos y los mezclamos con la salsa. Servimos.

FÁCIL

Para **4** personas
20 min de preparación
10 min de cocción

TAGLIATELLE CON HABAS Y PESTO DE HIERBAS

Pasta
*400 g de tagliatelle comprados **O** 400 g de harina • 4 huevos*

Guarnición
5 ramitas de menta • 5 ramitas de cilantro • 5 ramitas de perejil • 1 diente de ajo • 100 g de parmesano rallado • 300 g de habas congeladas peladas • 40 g de mascarpone • Aceite de oliva • Sal • Pimienta

1. Si la vamos a hacer en casa, elaboramos la masa (consultar pág. 12).

2. Preparamos los tagliatelle (consultar pág. 22).

3. Para la guarnición, lavamos la menta, el cilantro y el perejil y los deshojamos. Pelamos el ajo y retiramos el germen. En un bol, mezclamos las hojas de las hierbas con el ajo y añadimos 2 cucharadas de parmesano y 4 o 5 cucharadas de aceite de oliva. Salpimentamos. Sumergimos las habas peladas en un cazo de agua caliente. Cuando empiece a hervir, las escurrimos.

4. Sumergimos los tagliatelle en una olla de agua hirviendo y, cuando estén al dente (alrededor de 2 minutos), los escurrimos y los mezclamos con las habas en una olla. Añadimos el pesto de hierbas y el mascarpone y prolongamos la cocción durante 1 o 2 minutos a fuego lento. Servimos con el resto del parmesano.

FÁCIL

Para **4** personas
25 min de preparación
10 min de cocción

TAGLIATELLE CON CORDERO Y ALBAHACA

Pasta
*400 g de tagliatelle comprados **O** 400 g de harina • 4 huevos*

Guarnición
300 g de pierna de cordero • 6 cebollitas • 100 g de tomate confitado • 15 hojas de albahaca • Aceite de oliva • Sal • Pimienta

1. Si la vamos a hacer en casa, elaboramos la masa (consultar pág. 12).

2. Preparamos los tagliatelle (consultar pág. 22).

3. Para la guarnición, cortamos la carne en tiras de 1 cm. Pelamos las cebollitas manteniendo 1 cm de tallo y las cortamos por la mitad. Cortamos en dos los tomates confitados. En una sartén grande, calentamos 2 cucharadas de aceite de oliva y sofreímos la carne durante 2 minutos, hasta que se dore un poco. Retiramos y reservamos. En la misma sartén, doramos las cebollas con 1 cucharada de aceite de oliva durante 2 minutos. Añadimos el cordero, los tomates confitados y las hojas de albahaca. Salpimentamos y prolongamos la cocción 1 minuto más.

4. Sumergimos los tagliatelle en una olla de agua hirviendo y, cuando estén al dente (alrededor de 2 minutos), los escurrimos y los mezclamos con el resto de ingredientes en la sartén. Servimos.

FÁCIL

Para **4** personas
25 min de preparación
20 min de cocción

TAGLIATELLE CON REBOZUELOS Y CREMA DE CEBOLLINO

Pasta
*400 g de tagliatelle de setas comprados **O** 20 g de setas deshidratadas • 400 g de harina • 4 huevos*

Guarnición
400 g de rebozuelos • 1 cebolla • 1 diente de ajo • Unas ramitas de cebollino • 100 g de avellanas • 20 cl de nata espesa • 100 g de parmesano rallado • Aceite de oliva • 1 nuez de mantequilla • Sal • Pimienta

Cocción
1,5 l de caldo de ave

1. Si vamos a hacer la pasta en casa, batimos los huevos y reducimos las setas a polvo. Mezclamos este polvo con los huevos y elaboramos la masa (consultar pág. 12).

2. Preparamos los tagliatelle (consultar pág. 22).

3. Para la guarnición, limpiamos los rebozuelos con la punta de un cuchillo y los pasamos por agua para retirar cualquier resto de tierra. Los escurrimos bien. Pelamos la cebolla y la picamos. Pelamos el ajo, retiramos el germen y lo trituramos con un prensador de ajos. Picamos el cebollino. Tostamos las avellanas durante 5 minutos en el horno. Las dejamos enfriar y las troceamos aplastándolas con la hoja de un cuchillo. En una sartén, calentamos 1 cucharada de aceite de oliva y sofreímos los rebozuelos durante 3 minutos. Los escurrimos y desechamos el caldo que han soltado. En la misma sartén, fundimos la mantequilla y doramos los rebozuelos durante 3 o 4 minutos. Añadimos la cebolla y el ajo. Salpimentamos y prolongamos la cocción 1 minuto más. Incorporamos el cebollino picado, las avellanas troceadas y la nata fresca.

4. En una olla, calentamos el caldo. En cuanto empiece a hervir, sumergimos los tagliatelle y, cuando estén al dente (alrededor de 2 minutos), los escurrimos y los mezclamos con el resto de ingredientes en la sartén unos 30 segundos. Servimos de inmediato con un poco de parmesano.

FÁCIL
Para **4** personas
25 min de preparación
10 min de cocción

TAGLIATELLE NEGROS CON GAMBAS Y CHORIZO

Pasta
*400 g de tagliatelle negros comprados **O** 8 g de tinta de calamar • 400 g de harina • 4 huevos • 8 g de tinta de calamar*

Guarnición
2 tomates • 100 g de chorizo • 16 gambas • 1 diente de ajo • 1 cucharada de coñac • 3 cucharadas de nata espesa • Aceite de oliva • Sal • Pimienta

1. Si vamos a hacer la pasta en casa, mezclamos la tinta de calamar con los huevos y después elaboramos la masa (consultar pág. 12).

2. Preparamos los tagliatelle (consultar pág. 22).

3. Para la guarnición, sumergimos los tomates en agua hirviendo durante 30 segundos. Los retiramos y los refrescamos con agua helada para frenar la cocción. Los pelamos, los partimos por la mitad, retiramos las pepitas y los cortamos en dados. Picamos el chorizo en dados de 1 cm. Pelamos las gambas, dejando el extremo de la cola. Podemos hacerlo a mano o con la ayuda de un cuchillo y un tenedor. Por último, pelamos y picamos el diente de ajo. En una sartén, sofreímos las gambas y el ajo con un chorrito de aceite de oliva. Cuando estén bien doradas, añadimos los dados de tomate, el chorizo y el coñac. Dejamos que se cueza a fuego lento durante 5 minutos. Vertemos la nata y mezclamos. Salpimentamos.

4. Sumergimos los tagliatelle en una olla de agua hirviendo y, cuando estén al dente (alrededor de 2 minutos), los escurrimos. Los disponemos en los platos con el sofrito de gambas y servimos.

FÁCIL

Para **4** personas
20 min de preparación
5 min de cocción

LA VERDADERA CARBONARA

Pasta
*400 g de tagliolini comprados **O** 400 g de harina • 4 huevos*

Salsa
150 g de beicon • 2 dientes de ajo • 4 yemas de huevo • 100 g de parmesano rallado • Aceite de oliva • Sal • Pimienta

1. Si la vamos a hacer en casa, elaboramos la masa (consultar pág. 12).

2. Preparamos los tagliolini (consultar pág. 23).

3. Para la salsa, cortamos el beicon en tiras. Pelamos los dientes de ajo, los cortamos por la mitad y retiramos el germen. Después, los picamos. En una sartén, doramos el beicon durante 2 minutos. En un bol, mezclamos las yemas de huevo, 40 g de parmesano rallado y el ajo. Batimos bien mientras vertemos 1 chorrito de aceite de oliva. La textura que debemos obtener es parecida a la de una mayonesa. Salpimentamos.

4. Sumergimos los tagliolini en una olla de agua hirviendo y, cuando estén al dente (alrededor de 2 minutos), apartamos un poco de agua de cocción, los escurrimos y los mezclamos con el beicon y los huevos batidos en la sartén. Incorporamos un poco de agua de cocción y esperamos unos 30 segundos. Servimos con el resto de parmesano.

FÁCIL

Para **4** personas
15 min de preparación
8 min de cocción

TAGLIOLINI CON CALAMARES Y ACEITE PICANTE

Pasta
400 g de tagliolini comprados ***O*** *400 g de harina • 4 huevos*

Guarnición
400 g de calamares • 3 dientes de ajo • 1 cucharadita de sambal oelek (puré de guindilla roja) • Aceite de oliva • Sal

1. Si la vamos a hacer en casa, elaboramos la masa (consultar pág. 12).

2. Preparamos los tagliolini (consultar pág. 23).

3. Para la guarnición, cortamos los calamares en rodajas de 1,5 cm. Pelamos los dientes de ajo, retiramos el germen y los picamos con un cuchillo o con un prensador de ajos. Ponemos un chorrito de aceite de oliva en una sartén y sofreímos el ajo y los calamares sazonados. Cuando estén bien dorados, paramos la cocción y añadimos el puré de guindilla.

4. Sumergimos los tagliolini en una olla de agua hirviendo y, cuando estén al dente (alrededor de 2 minutos), los escurrimos. Los disponemos en los platos con el sofrito por encima y servimos.

FÁCIL

Para **4** personas
10 min de preparación
3 min de cocción

TAGLIOLINI CON PESTO DE ALBAHACA

Pasta
400 g de tagliolini comprados ***O*** *400 g de harina • 4 huevos*

Pesto
150 g de parmesano • 1 manojo de albahaca • 2 dientes de ajo • 100 g de piñones • 20 cl de aceite de oliva • Sal • Pimienta

1. Si la vamos a hacer en casa, elaboramos la masa (consultar pág. 12).

2. Preparamos los tagliolini (consultar pág. 23).

3. Para el pesto, rallamos el parmesano, lavamos la albahaca y la deshojamos. Pelamos los dientes de ajo y retiramos el germen. Mezclamos el parmesano, las hojas de albahaca, el ajo, los piñones y el aceite de oliva, y trituramos. Salpimentamos. Reservamos en frío.

4. Sumergimos los tagliolini en una olla de agua hirviendo y, cuando estén al dente (alrededor de 2 minutos), los escurrimos y los mezclamos con el pesto. Servimos.

TRUCO
Podemos conservar varias semanas el pesto en la nevera. Para ello, tendremos que cubrir la superficie con aceite de oliva.

FÁCIL

Para **4** personas
30 min de preparación
8 min de cocción

TAGLIOLINI CON TRUFA NEGRA

Pasta
*400 g de tagliolini comprados **O** 400 g de harina • 4 huevos*

Guarnición
60 g de trufa negra • 1 diente de ajo • 50 g de queso tipo grana padano rallado • Aceite de oliva • Sal

1. Si la vamos a hacer en casa, elaboramos la masa (consultar pág. 12).

2. Preparamos los tagliolini (consultar pág. 23).

3. Para la guarnición, limpiamos la trufa con un poquito de agua. Con la ayuda de un pelador cortamos unas rodajas muy finas. Las reservamos y picamos el resto. Pelamos el ajo y lo machacamos con la hoja de un cuchillo. En una sartén, calentamos 6 cucharadas de aceite de oliva y sofreímos el ajo y la trufa picada. Cuando el ajo empiece a dorarse, apartamos del fuego.

4. Sumergimos los tagliolini en una olla de agua hirviendo y, cuando estén al dente (alrededor de 2 minutos), los escurrimos y los añadimos a la sartén. Mezclamos bien y sazonamos. Servimos espolvoreados con el queso y las láminas de trufa.

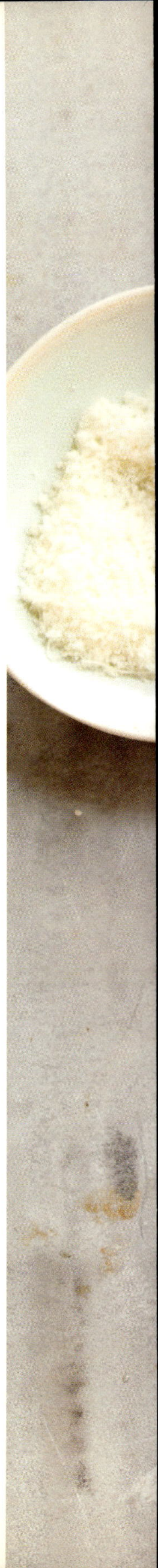

FÁCIL

Para **4** personas
10 min de preparación
8 min de cocción

TAGLIOLINI CON AJO, GUINDILLA Y ACEITE DE OLIVA

Pasta

*400 g de tagliolini comprados **O** 400 g de harina • 4 huevos • 2 cucharadas de semillas de adormidera*

Salsa

3 dientes de ajo • Aceite de oliva • 1 guindilla roja

1. Si vamos a hacer la pasta en casa, mezclamos los huevos y las semillas de adormidera y elaboramos la masa (consultar pág. 12).

2. Preparamos los tagliolini (consultar pág. 23).

3. Para la salsa, pelamos los dientes de ajo, retiramos el germen y los machacamos con la hoja de un cuchillo. Los sofreímos en un poco de aceite de oliva con la guindilla abierta al medio. Cuando el ajo esté bien dorado, apartamos del fuego.

4. Sumergimos los tagliolini en una olla de agua hirviendo y, cuando estén al dente (alrededor de 2 minutos), los escurrimos y los mezclamos con la salsa. Servimos.

TRUCO

Si utilizamos pasta comprada, podemos espolvorear las semillas de adormidera justo antes de servir.

FÁCIL

Para **4** personas
10 min de preparación
3 min de cocción

TAGLIOLINI A LOS TRES QUESOS

Pasta
400 g de tagliolini comprados ***O*** *400 g de harina • 4 huevos*

Salsa
100 g de gorgonzola • 100 g de gruyere • 100 g de parmesano • Sal • Pimienta

1. Si la vamos a hacer en casa, elaboramos la masa (consultar pág. 12).

2. Preparamos los tagliolini (consultar pág. 23).

3. Para la salsa, cortamos el gorgonzola en dados, y rallamos el parmesano y el gruyere.

4. Sumergimos los tagliolini en una olla de agua hirviendo y, cuando estén al dente (alrededor de 2 minutos), reservamos un poco de agua de cocción y los escurrimos. Mezclamos los quesos y el agua reservada para ligar bien la salsa y salpimentamos. Regamos los tagliolini con la salsa y servimos de inmediato.

FÁCIL

Para **4** personas
15 min de preparación
3 min de cocción

TAGLIOLINI CON LIMA, SALMÓN AHUMADO Y RICOTA

Pasta
400 g de tagliolini comprados ***O*** *La ralladura de 1 lima • 400 g de harina • 4 huevos*

Salsa
1 lima • 200 g de ricota • 10 cl de nata líquida • Sal • Pimienta

Acabado
Aceite de oliva • 4 lonchas de salmón ahumado • 2 ramitas de eneldo • 50 g de huevas de salmón

1. Si vamos a hacer la pasta en casa, mezclamos la ralladura de lima con los huevos y después, elaboramos la masa (consultar pág. 12).

2. Preparamos los tagliolini (consultar pág. 23).

3. Para la salsa, exprimimos la lima y mezclamos el zumo con el ricota y la nata. Salpimentamos y reservamos.

4. Sumergimos los tagliolini en una olla de agua hirviendo y, cuando estén al dente (alrededor de 2 minutos), los escurrimos y los regamos con 1 chorrito de aceite de oliva. Los servimos con la salsa y disponemos encima el salmón cortado en tiras. Decoramos con unas ramitas de eneldo y con las huevas de salmón.

FÁCIL

Para **4** personas
25 min de preparación
25 min de cocción

TAGLIOLINI CON PANCETA Y CHAMPIÑONES

Pasta

*400 g de tagliolini comprados **O** 400 g de harina • 4 huevos*

Guarnición

300 g de champiñones • 1 diente de ajo • 10 hojas de salvia • 100 g de panceta • 70 g de pecorino • 50 g de mantequilla • Aceite de oliva • Sal • Pimienta

1. Si la vamos a hacer en casa, elaboramos la masa (consultar pág. 12).

2. Preparamos los tagliolini (consultar pág. 23).

3. Para la guarnición, limpiamos los champiñones. Pelamos el ajo retirando el germen y lo picamos. Cortamos los champiñones en cuatro, los sofreímos en una sartén con un poco de aceite y añadimos el ajo. Salpimentamos y reservamos. En la misma sartén, fundimos la mantequilla y, cuando haya adquirido textura de mousse, incorporamos las hojas de salvia y dejamos que se sofrían. Deben quedar bien crujientes. Después, las escurrimos sobre papel absorbente. Limpiamos la sartén y sofreímos las lonchas de panceta. Cuando estén bien doradas, las apartamos y añadimos los champiñones y las hojas de salvia. Mezclamos bien todos los ingredientes y reservamos.

4. Sumergimos los tagliolini en una olla de agua hirviendo y, cuando estén al dente (alrededor de 2 minutos), los escurrimos. Servimos de inmediato con la mezcla anterior y con unas lascas de pecorino.

PASTA DULCE

FÁCIL

Para **4** personas
30 min de preparación
10 min de cocción
30 min de reposo

RAVIOLIS DE CHOCOLATE NEGRO Y COULIS DE FRAMBUESA

Pasta
*12 hojas de pasta para raviolis, fresca o congelada **O** 3 huevos • 30 g de cacao amargo en polvo • 300 g de harina*

Ganache
200 g de chocolate con un 70% de cacao • 20 cl de nata líquida

Coulis
10 cl de agua • 100 g de azúcar • 250 g de frambuesas

Sirope
1 l de agua • 250 g de azúcar

1. Si vamos a hacer la pasta en casa, mezclamos los huevos con el cacao en polvo y elaboramos la masa (consultar pág. 12).

2. Preparamos la ganache. En un bol, troceamos el chocolate con la ayuda de un cuchillo. Llevamos la nata a punto de ebullición y la incorporamos al bol. Esperamos unos segundos para que el chocolate se funda un poco. Removemos con cuidado con una espátula y reservamos en la nevera durante 30 minutos para que se endurezca.

3. Mientras, preparamos el coulis. Reservamos algunas frambuesas para la decoración. En un cazo, calentamos el agua junto con el azúcar. Llevamos la mezcla a ebullición, hasta que el azúcar quede totalmente fundido (2 minutos). Agregamos el resto de frambuesas y batimos con una batidora eléctrica. Pasamos el coulis por un colador para retirar las semillas y reservamos en frío.

4. Preparamos los raviolis rellenos de ganache (consultar págs. 16-17).

5. Y, por último, elaboramos el sirope. En un cazo, llevamos el agua y el azúcar a ebullición. Cuando esta se haya disuelto, sumergimos los raviolis durante 2 o 3 minutos. Decoramos con las frambuesas reservadas. Los servimos acompañados con el coulis.

TRUCO
Para rellenar los raviolis de una forma más sencilla, podemos utilizar una manga pastelera.

FÁCIL

Para **4** personas
20 min de preparación
3 min de cocción

CARAMELOS CRUJIENTES DE PLÁTANO Y CREMA DE CHOCOLATE

Pasta
12 hojas de pasta para raviolis, fresca o congelada ***O*** *200 g de harina • 2 huevos*

Relleno
2 plátanos • El zumo de 1 lima (opcional) • 3 cucharadas de crema de chocolate

Cocción
4 cucharadas de aceite de girasol

1. Si la vamos a hacer en casa, elaboramos la masa (consultar pág. 12).

2. Para el relleno, pelamos los plátanos y los cortamos en dados. Podemos regarlos con un poquito de lima para evitar que se ennegrezcan.

3. Preparamos los caramelos rellenos de plátano y crema de chocolate (consultar pág. 25).

4. En una sartén, calentamos el aceite y freímos los caramelos. Deben quedar dorados por ambos lados. Los disponemos sobre papel absorbente. Servimos.

DIFÍCIL

Para **4** personas
30 min de preparación
2 min de cocción

RAVIOLIS DE MANGO Y FRESA CON CREMA INGLESA DE MENTA

Pasta
12 hojas de pasta para raviolis, fresca o congelada ***O*** *200 g de harina • 2 huevos*

Crema inglesa
50 cl de leche entera • 4 ramitas de menta • 4 yemas de huevo • 80 g de azúcar

Relleno
1 mango pequeño • 250 g de fresas

Sirope
1 l de agua • 250 g de azúcar

1. Si la vamos a hacer en casa, elaboramos la masa (consultar pág. 12).

2. Preparamos la crema inglesa. En un cazo, calentamos la leche con 2 ramitas de menta. En un bol, batimos las yemas de huevo y el azúcar hasta que la mezcla se vuelva blanquecina. Retiramos la menta e incorporamos al bol la leche caliente, sin dejar de remover. Devolvemos la preparación al cazo. Removemos con una cuchara de madera (sin olvidarnos del fondo y los bordes) para que no se pegue, y esperamos a que la crema espese. Cuando se quede pegada a la cuchara, apartamos del fuego. La dejamos enfriar a temperatura ambiente y reservamos en nevera.

3. Para el relleno, pelamos el mango y lo cortamos en dados pequeños. Lavamos las fresas y las cortamos también en daditos (reservando algunos para decorar).

4. Preparamos los raviolis rellenos (consultar págs. 16-17).

5. Y, por último, preparamos el sirope. En un cazo, llevamos el agua y el azúcar a ebullición. Cuando esté disuelto el azúcar, sumergimos los raviolis durante 2 o 3 minutos y después los escurrimos. Los servimos de inmediato, regados con la crema y decorados con unas hojas de menta picadas y los daditos de fresa reservados.

FÁCIL

Para **4** personas
30 min de preparación
2 min de cocción

CARAMELOS DULCES A LA ITALIANA

Pasta
*12 hojas de pasta para raviolis, fresca o congelada **O** 2 huevos enteros • 1 yema de huevo • 3 cucharadas de Grand Marnier • 300 g de harina*

Relleno
La piel rallada de 1 naranja • 50 g de fruta confitada • 250 g de ricota • 40 g de azúcar

Cocción
4 cucharadas de aceite de girasol

Acabado
40 g de azúcar glas

1. Si vamos a hacer la pasta en casa, batimos los huevos con el Grand Marnier y después preparamos la masa (consultar pág. 12).

2. Para el relleno, rallamos la piel de naranja y exprimimos el zumo. Picamos la fruta confitada. Mezclamos el ricota con el azúcar, la ralladura y la fruta confitada. Poco a poco, incorporamos el zumo, hasta que la mezcla tenga una consistencia cremosa y firme. Reservamos.

3. Preparamos los caramelos rellenos (consultar pág. 25).

4. En una sartén, calentamos el aceite y freímos los caramelos hasta que estén dorados. Los disponemos sobre papel absorbente. Los espolvoreamos con azúcar glas y servimos de inmediato.

UN POCO DIFÍCIL

Para **4** personas
30 min de preparación
10 min de cocción
30 min de reposo

RAVIOLIS DE CHOCOLATE BLANCO Y NUECES DE MACADAMIA CON SALSA DE CAFÉ

Pasta
12 hojas de pasta para raviolis, fresca o congelada ***O*** *1 haba tonka rallada • 200 g de harina • 2 huevos*

Ganache
60 g de nueces de Macadamia • 100 g de chocolate blanco • 2 cucharadas de nata líquida

Salsa
1 café expreso bien fuerte • 10 cl de agua • 20 g de azúcar

Sirope
1 l de agua • 250 g de azúcar

1. Si vamos a hacer la masa en casa, mezclamos los huevos con el haba tonka rallada y después elaboramos la masa (consultar pág. 12).

2. Para la ganache, troceamos las nueces de Macadamia y el chocolate. Fundimos el chocolate al baño María con la nata. Removemos con una espátula y apartamos del fuego. Añadimos las nueces y reservamos 30 minutos en la nevera para que la ganache se endurezca.

3. Preparamos los raviolis rellenos de ganache (consultar págs. 16-17).

4. Para la salsa de café, llevamos el agua, el azúcar y el café a punto de ebullición. Dejamos cocer 2 o 3 minutos y reservamos.

5. Y, por último, preparamos el sirope. En un cazo, llevamos el agua y el azúcar a ebullición. Cuando esta esté disuelta, sumergimos los raviolis durante 2 o 3 minutos y después los escurrimos. Los servimos regados con la salsa de café.

TRUCO
Si utilizamos pasta comprada, añadiremos el haba tonka rallada al sirope.

UN POCO DIFÍCIL

Para **4** personas
40 min de preparación
30 min de cocción

MEDIAS LUNAS DE PIÑA, SABAYÓN Y CRUMBLE

Pasta
*12 hojas de pasta para raviolis, fresca o congelada **O** 200 g de harina • 2 huevos*

Sirope
1 l de agua • 250 g de azúcar • 2 flores de anís estrellado

Crumble
100 g de mantequilla en dados • 100 g de harina • 100 g de almendra en polvo • 100 g de azúcar

Relleno
250 g de piña natural • 40 g de azúcar

Sabayón
3 huevos • 70 g de azúcar • 10 cl de nata líquida • 60 g de mascarpone

1. Si la vamos a hacer en casa, elaboramos la masa (consultar pág. 12).

2. Para el sirope, llevamos el agua, el azúcar y el anís estrellado a ebullición. Después apartamos del fuego y dejamos reposar.

3. Precalentamos el horno a 200 °C y preparamos el crumble. Mezclamos con la punta de los dedos la mantequilla, la harina, la almendra y el azúcar. Disponemos la preparación sobre una bandeja de horno forrada con papel sulfurizado. Horneamos a 200 °C durante unos 15 minutos, hasta que empiece a dorarse.

4. Para el relleno. En una sartén, fundimos el azúcar. Cortamos la piña en daditos y los incorporamos a la sartén. Prolongamos la cocción durante 5 minutos y reservamos.

5. Preparamos las medias lunas rellenas (consultar pág. 15).

6. Para el sabayón. Batimos los huevos y el azúcar. Montamos la nata, que debe estar bien fría, y la mezclamos con el mascarpone. Reservamos en nevera.

7. Llevamos el sirope a punto de ebullición y sumergimos las medias lunas durante 2 o 3 minutos. Las escurrimos y las servimos regadas con el sabayón y el crumble desmigado.

TRUCO
Para un sabayón perfecto, hay que batir los huevos y el azúcar hasta triplicar su volumen.

• MEDIDAS Y EQUIVALENCIAS •

MEDIR LOS INGREDIENTES

INGREDIENTE	1 cucharadita	1 cucharada	1 vaso
Mantequilla	7 g	20 g	-
Cacao en polvo	5 g	10 g	90 g
Nata espesa	1,5 cl	4 cl	20 cl
Nata líquida	0,7 cl	2 cl	20 cl
Harina	3 g	10 g	100 g
Gruyere rallado	4 g	12 g	65 g
Líquidos variados (agua, aceite, vinagre, alcohol)	0,7 cl	2 cl	20 cl
Maicena	3 g	10 g	100 g
Almendra en polvo	6 g	15 g	75 g
Pasas	8 g	30 g	110 g
Arroz	7 g	20 g	150 g
Sal	5 g	15 g	-
Sémola, cuscús	5 g	15 g	150 g
Azúcar	5 g	15 g	150 g
Azúcar glas	3 g	10 g	110 g

MEDIR LOS LÍQUIDOS

1 vasito = 3 cl

1 tacita = entre 8 y 10 cl

1 vaso = 20 cl

1 taza = 25 cl

MÁS INFORMACIÓN

1 huevo = 50 g

1 avellana de mantequilla = 5 g

1 nuez de mantequilla = entre 15 y 20 g

REGULAR EL HORNO

Temperatura (°C)	Termostato
30	1
60	2
90	3
120	4
150	5
180	6
210	7
240	8
270	9

• ÍNDICE DE RECETAS •

• ÍNDICE DE MATERIAS •

Pasta para sorprender. Recetas fáciles y originales
Fait Maison/ Pasta. Recettes gourmandes à réaliser à la maison

Texto: Mélanie Martin
Fotografía: Philippe Vaurès-Santamaria
Diseño: Garlone Bardel

Diseño de cubierta: Villar-Guiu
Traducción: María Angulo
Maquetación: Anglofort S. A.

Impreso en España/Printed in Spain
Impresión: Rotäbook

D.L. B-10601-2016.
ISBN: 9788490567456